Gestão de ONGs
Principais funções gerenciais

COLEÇÃO **FGV** PRÁTICA

Gestão de ONGs
Principais funções gerenciais

Fernando G. Tenório | org.

11ª EDIÇÃO

FGV
EDITORA

ISBN — 978-85-225-0699-6
Copyright © Fernando G. Tenório

Direitos desta edição reservados à
EDITORA FGV
Rua Jornalista Orlando Dantas, 37
22231-010 — Rio de Janeiro, RJ — Brasil
Tels.: 0800-021-7777 — 21-3799-4427
Fax: 21-3799-4430
e-mail: editora@fgv.br — pedidoseditora@fgv.br
web site: www.fgv.br/editora

Impresso no Brasil / Printed in Brazil

Todos os direitos reservados. A reprodução não autorizada desta publicação, no tod
ou em parte, constitui violação do copyright (Lei nº 9.610/98).

Os conceitos emitidos neste livro são de inteira responsabilidade dos autores.

1ª edição — 1997, 2ª edição — 1998, 3ª edição — 1999, 4ª edição revista — 2000, :
edição — 2001, 6ª edição — 2002, 7ª edição — 2003, 8ª edição — 2004, 9ª edição -
2005, 10ª edição — 2006, 1ª reimpressão — 2007, 2ª reimpressão — 2008, 11ª ediç
— 2009, 1ª reimpressão — 2011, 2ª reimpressão — 2012; 3ª reimpressão — 2014; ‹
reimpressão — 2017.

Revisão de originais: Maria Lucia Leão Velloso de Magalhães e Izabel Buarque
Revisão: Aleidis de Beltran, Fatima Caroni e Marco Antonio Corrêa
Capa: aspecto:design

Ficha catalográfica elaborada pela Biblioteca
Mario Henrique Simonsen/FGV

Gestão de ONGs: principais funções gerenciais/
Fernando G. Tenório, org. — 11. ed. — Rio de Janeiro:
Editora FGV, 2009
128p. — (Coleção FGV Prática)
Inclui bibliografia.
1. Organizações não governamentais. I. Tenório, Fernando
Guilherme. II. Fundação Getulio Vargas. III. Série.

CDD–658.1148

Sumário

Apresentação	7
Capítulo 1 Características e desafios das organizações não governamentais	11
Capítulo 2 O desafio da gestão	17
Funções gerenciais	21
Capítulo 3 Função planejamento	27
Planejamento estratégico	28
Definição da missão	30
Análise do contexto externo	32
Análise do contexto interno	35
Definição de objetivos	36
Definição de estratégias	39
Planejamento tático e planejamento operacional	41
Cronograma	45
Orçamento	48
Considerações sobre a função planejamento	52
Anexo 1	52

Capítulo 4
Função organização 55
   Estatuto 56
   Organograma 58
   Divisão horizontal: critérios de departamentalização 61
   Exemplos de estruturas encontradas nas ONGs 67
   Observações sobre a estrutura 69
   Centralização e descentralização 70
   Normatização 75
   Descrição de cargos 77
   Considerações sobre a função organização 77

Capítulo 5
Função direção 79
   Coordenação 80
   Liderança 84
   Processo decisório 87
   Motivação 89
   Considerações sobre a função direção 92
   Anexo 2 93

Capítulo 6
Função controle 95
   Função controle e suas características 97
   Níveis de controle 98
   Fases do controle 101
   Métodos e técnicas de controle 111
   Informatização do controle 123
   Considerações sobre a função controle 124

Considerações finais 125

Referências bibliográficas 127

Apresentação

Gestão de ONGs: principais funções gerenciais foi publicado pela primeira vez em 1997, revisto na sua quarta edição em 2000, recebendo, nesta sua 11ª edição, uma nova revisão, na medida em que as organizações não governamentais têm assumido posições decisivas e novos campos de ação e passado por mudanças que ampliaram o escopo de suas atividades, notadamente a partir dos anos 1990. Uma dessas mudanças diz respeito à sua inserção na leitura macroeconômica das sociedades. As ONGs passaram a ser classificadas como integrantes do terceiro setor da economia, considerando que o primeiro setor (o público) e o segundo (o privado) já eram categorias institucionalizadas na dinâmica das sociedades.

A partir dos anos 1990, com a assunção do neoliberalismo — modelo econômico que classificou a tríade primeiro, segundo e terceiro setores — as ONGs e outras organizações da sociedade civil que compõem o denominado terceiro setor passaram a atuar em diversas frentes, desde aquelas historicamente a elas vinculadas, como as relacionadas a problemas sociais e ambientais, até as áreas produtivas.

Para superar o conceito de que estariam mais preocupadas com a justiça social do que com o mercado, as ONGs sofreram adaptações estruturais que muitas vezes as obrigam a atuar como se fossem do segundo setor.

Dessa forma, seu temário foi ampliado, passando a envolver questões ambientais, econômicas (produção solidária, por exemplo) e uma variante de temas que as põem em um permanente desafio gerencial, que exige uma permanente discussão sobre a sua forma de ser e sua gestão — propósito deste livro. Não só porque as ONGs se veem compelidas a pensar no futuro, mas porque se defrontam, em seu cotidiano, com problemas que ameaçam sua sobrevivência no curto prazo, principalmente quando os recursos se tornam escassos, comprometendo a condução de seus projetos e questionando sua própria existência.

Cientes dessas questões, procuramos manter a proposta de 1997 e acrescentar outras, nesta edição, que respondessem às principais dificuldades enfrentadas pelas ONGs, não somente as relacionadas com a sua funcionalidade, mas também as de ordem substantiva. Embora tenha sido originado em pesquisas e de experiências junto a ONGs, o tema proposto poderá interessar a outras entidades classificadas e/ou vinculadas ao terceiro setor.

Com base nas experiências desenvolvidas desde a década de 1990 pelo Programa de Estudos em Gestão Social (Pegs) da Escola Brasileira de Administração Pública e de Empresas da Fundação Getulio Vargas (Ebape/FGV), sugerimos aqui uma aproximação dos dirigentes e técnicos de organizações públicas não governamentais com matéria de domínio da administração. O Pegs tem pesquisado e acompanhado o desenvolvimento das organizações do terceiro setor, como desdobramento da discussão sobre a abrangência do estudo da administração pública e empresarial. A nosso ver, a administração pública e a de empresas, enquanto campos de estudo, devem englobar um espaço mais amplo que o circunscrito pelo Estado e/ou mercado, envolvendo outros setores que também têm seu campo de ação na sociedade. A preocupação com o bem comum, com a *res publica*, não deve ser exclusiva do Estado, mas da cidadania, quer como agente econômico, quer como agente social.

Os passos percorridos para a elaboração deste livro incluíram, originalmente, levantamento bibliográfico e documental sobre ONGs e pesquisa de campo por meio de uma sondagem realizada junto a dirigentes e técnicos com o intuito de coletar informações sobre sua forma de gestão. O processo teve continuidade com trabalhos de assessoria e com a participação em assembleias de organizações não governamentais, além da publicação de artigos discutindo o estado da arte das ONGs em nosso país e de pesquisas sobre as práticas desse tipo de organização.

Reconhecendo que as ONGs guardam singularidade entre si enquanto processos e práticas gerenciais, este livro procura discutir alguns conceitos e adaptar instrumentos de gestão relativos às funções de *planejamento, organização, direção* e *controle*. Apesar de haver várias formas de identificar as funções a serem desempenhadas por um dirigente ou técnico de qualquer organização, optamos por abordar essas quatro, por julgá-las essenciais ao ato de gerenciar, seja porque uma não pode existir sem a outra, seja porque representam a totalidade da ação gerencial.

O livro está organizado de tal forma que, independentemente da finalidade da instituição, possa servir de subsídio para uma gestão que busque otimizar

APRESENTAÇÃO

os recursos disponíveis e atender às expectativas da sociedade. Dado que esta edição foi revista e ampliada, ao capítulo 1 adicionamos o conceito de *gestão social*, que acreditamos ser coerente com as peculiaridades das organizações não governamentais. No capítulo 2 apresentamos ao leitor o tema da gestão e as principais funções gerenciais: *planejar*, *organizar*, *dirigir* e *controlar*. Nos quatro capítulos seguintes, detalhamos cada uma dessas funções e apresentamos conceitos e instrumentos. Finalmente, resumimos o que foi discutido sobre o modelo de gestão desse tipo de entidade e sua relação interinstitucional.

Este livro foi elaborado com a colaboração da professora Suzana A. Q. Feichas e dos ex-mestrandos da Ebape/FGV Ana Heloísa da Costa Lemos e Jacob Eduardo Rozenberg. Ainda colaboraram os ex-mestrandos Gilson Carlos Sant'Anna, Liliane G. da Costa Reis e Sonia Lizabeth Guerreiro. A revisão para esta edição contou com a participação das ex-mestrandas Adriane Malamut, Ana Cristina Valente Borges e Janaína Machado Simões.

CAPÍTULO 1

Características e desafios das organizações não governamentais

As ONGs caracterizam-se por serem organizações sem fins lucrativos, voltadas para o atendimento de necessidades da sociedade civil, algumas vezes complementando a ação do Estado e de agentes econômicos. Seu financiamento pode ter origem em agências e/ou ONGs internacionais, governos ou no setor privado. Contam algumas vezes com o trabalho voluntário e atuam através da promoção social, visando a contribuir para um processo de desenvolvimento que supõe transformações estruturais da sociedade.[1] Sua sobrevivência independe de mecanismos de mercado ou da existência de lucro.[2]

Para compreender o papel das ONGs e seus desafios, faz-se necessário tecer algumas considerações a respeito de seu desenvolvimento nos últimos 20 anos.

Desde o fim da II Guerra Mundial, o mundo vem passando pelas mais profundas transformações. Assistimos à emergência de novos centros de poder econômico e político, à revolução nas comunicações, ao aumento da produtividade industrial e agrícola, assim como da urbanização. Este mesmo desenvolvimento produziu o aumento da pobreza, da violência, de doenças e da poluição ambiental, além de conflitos religiosos, étnicos, sociais e políticos.

Num espaço de tempo muito curto, o mundo se viu diante de problemas globais, cujas soluções agora dependem da capacidade de articulação de um espectro mais amplo de agentes sociais. E a maior novidade na história recente é a crescente intervenção da sociedade civil, que, de forma organizada, tenta

---

[1] Ladim, 1988.
[2] Williams, 1990:31-33.

ocupar espaços e propor que os aspectos sociais e ambientais de sustentabilidade passem a primeiro plano.

Para fazer face a esses problemas que se acirraram, as ONGs, que inicialmente tinham caráter assistencialista, já que eram ligadas principalmente a grupos religiosos, se diversificaram e passaram a adotar como estratégia a ação localizada e de pequenas proporções, que pretende repercussões e transformações a mais longo prazo, em experiências que possam ser multiplicadas por meio da formação de novos atores sociais. Atores que não pretendem substituir a ação do Estado, mas que estimulam a rediscussão de seu papel, numa perspectiva que inclua a participação cidadã no processo de democratização, direcionando o foco do desenvolvimento para seu aspecto social e tendo como contraponto os modelos de desenvolvimento centrados no Estado e no mercado.

A partir dos anos 1970, essa estratégia transformadora caracterizou-se na América Latina, por seu empenho na redemocratização dos países, mediante ações voltadas tanto para uma política social de desenvolvimento comunitário — o trabalho de animação —, quanto para a execução de atividades de autoajuda, assistência e serviços nos campos do consumo, da produção, de base e da saúde, entre outros.[3]

As características inerentes às ONGs e a evolução de seu papel têm profundas implicações no tipo de gestão praticado por elas. Valendo-nos de uma série de entrevistas com dirigentes dessas organizações, sediadas no Rio de Janeiro, levantamos alguns dados importantes no que diz respeito ao gerenciamento dessas entidades. Em síntese, pode-se concluir que:

- o trabalho nas ONGs pesquisadas é motivado por um ideal compartilhado pelos membros que as compõem, principalmente sua equipe de técnicos e direção;
- o planejamento de suas atividades está sujeito às fontes de financiamento. Esse processo de planejamento, embora nem sempre formalizado num plano, caracteriza-se pela participação dos membros das ONGs e de consultores externos, bem como pela frequente análise do contexto;
- nem sempre as ONGs têm uma ideia clara de sua missão, de forma a delimitar suas ações, fixar objetivos e metas e avaliar seus resultados;

---

[3] Sandoval, 1988.

na ânsia de atender à comunidade, o que basicamente determina a inclusão de um novo projeto ou atividade aos já em andamento é a disponibilidade de agenda e o interesse de cada membro do corpo técnico, provocando um desgaste muito grande, devido ao excesso de horas de trabalho, sem possibilidade de avaliar o retorno para a entidade;

- os membros das ONGs possuem alto grau de compartilhamento das atividades a serem desenvolvidas, porém nenhuma sistematização dos dados para efeito de avaliação do desempenho gerencial;

- sua organização prima pela informalidade, praticamente sem normas e procedimentos escritos, o que as torna ágeis, mas dificulta sua gestão, porque as funções e as responsabilidades de seu pessoal não são claramente definidas;

- o tipo de trabalho que realizam apresenta dificuldades para ser avaliado, seja por seu efeito de longo prazo, seja por seu caráter mais qualitativo;

- o produto de seu trabalho, em geral, não é vendido, o que torna sua produção dependente ora de doações, ora de financiamentos por meio de projetos.

A partir da década de 1990, com as mudanças havidas na conjuntura dos países latino-americanos, as ONGs passaram a se defrontar com desafios que põem em xeque sua forma de gestão. A conjuntura assumiu as seguintes características:[4]

- emergência ou vigência de governos democráticos;
- implantação de políticas de orientação neoliberal, agravando a pobreza;
- crescimento do setor informal da economia;
- descrédito do Banco Mundial e das instituições internacionais com relação ao destino dado pelos órgãos governamentais aos recursos alocados em programas de desenvolvimento social.

Essa conjuntura, aliada ao fato de que as ONGs podem ser uma das soluções para os problemas sociais do desenvolvimento, as obriga a repensar sua missão, sua forma de atuação e seu funcionamento.

---

[4] Sandoval, 1988; ver também Souza, 1991:20-24.

Na década de 1990, as ONGs se veem diante dos seguintes desafios:[5]

- sair do micro para o macro, isto é, não limitar suas ações a microrregiões, e sim contribuir com sua experiência para o desenvolvimento macro;
- sair do privado para o público, deixando de atuar na informalidade para atuar de forma mais transparente, divulgando ao público o que são, por que lutam, o que propõem;
- passar da resistência à proposta, ou seja, da ação contra o Estado e à margem do mercado para uma ação participante.

No dizer de Herbert de Souza,[6] o papel das ONGs no Brasil, a partir da década de 1990, seria propor à sociedade brasileira, a partir da sociedade civil, uma sociedade democrática, dos pontos de vista político, social, econômico e cultural. Ele afirma que, apesar de a luta parecer mais suave naquele momento, as certezas quanto aos rumos eram mais difíceis, porque pressupunham colaborar com o Estado para a democratização da sociedade, propor uma nova forma de produzir e distribuir bens e serviços que superassem os limites da lógica do capital, acabar com o estatal e restabelecer o público, e universalizar todos os valores éticos de sua própria experiência.

A estes, acrescentaríamos o desafio de estabelecer diálogo com os setores governamental e empresarial. Esse desafio constitui, ao mesmo tempo, a oportunidade de conquistar novos espaços por parte das ONGs. No âmbito da discussão sobre o papel da empresa privada junto à sociedade e das propostas de reformulação do Estado, as ONGs podem se beneficiar e tomar a iniciativa de ações em parceria com esses setores.

Além dos desafios já apontados, as ONGs brasileiras também enfrentam grandes dificuldades de financiamento e de avaliação dos resultados. Por outro lado, esses resultados só podem ser avaliados a longo prazo e há carência de indicadores e de registro sistemático de dados que possibilitem uma melhor aferição.

Para superar esses desafios que podem ameaçar sua existência e sua eficiência administrativa, as ONGs têm que pensar em acrescentar às suas peculiaridades novos instrumentos de gestão, dotando seus quadros de habilidades,

---

[5] Sandoval, 1988; e Souza, 1991.
[6] Souza, 1991.

conhecimentos e atitudes que assegurem, ao fim e ao cabo, o cumprimento dos objetivos institucionais. Trabalhar por meio de redes; identificar claramente produtos, áreas de atuação e cidadãos-beneficiários;[7] compartilhar ou dividir ações; criar mecanismos mais eficazes de controle que possibilitem avaliar o impacto das ações executadas; ganhar maior visibilidade perante a sociedade divulgando o produto do trabalho realizado são alguns dos resultados que se podem esperar desse aprendizado.

---

[7] O termo cidadão-beneficiário foi proposto pelo professor Fernando Tenório, da Ebape/FGV, em substituição a população-alvo, grupo-alvo, beneficiário, usuário ou cliente, a fim de incorporar o conceito de "cidadania" à formulação, implementação e avaliação das políticas sociais.

CAPÍTULO 2

O desafio da gestão

Entende-se a importância da administração quando se compreende por que os homens se associam para atingir objetivos comuns. A história da vida humana é marcada pelo esforço de conquistar a natureza e criar condições de sobrevivência e conforto. No momento em que os indivíduos perceberam que a associação com os demais facilitava a realização de certos esforços e que determinados objetivos não podiam ser atingidos por um único indivíduo, teve início a vida na organização.

> **O QUE É ORGANIZAÇÃO?**
>
> É o grupamento de pessoas e recursos – dinheiro, equipamentos, meteriais, informações e tecnologia – com o objetivo de produzir bens e/ou prestar serviços.

> **O QUE É GERENCIAR?**
>
> É a ação de estabelecer ou interpretar objetivos e de alocar recursos para atingir uma finalidade previamente determinada.

Mas o simples fato de se agrupar pessoas e recursos não basta para garantir que os recursos existentes sejam alocados da melhor forma e que o trabalho seja realizado no momento certo. Para que isso ocorra, é preciso haver a preocupação de *gerenciar* as partes que constituem a organização.

Gerenciar é orientar a dinâmica da organização. Para que uma atividade seja bem-sucedida é preciso uma boa utilização dos recursos e o direcionamento desses recursos para o atingimento da finalidade proposta pelos membros da organização.

Determinar finalidades, no entanto, não é uma tarefa tão simples como pode parecer à primeira vista. Para se definir a finalidade de uma organização, deve-se perguntar quem a determina: seus acionistas/proprietários/sócios ou seus clientes/usuários/beneficiários.

Atualmente, na administração de negócios, os clientes/usuários podem determinar o tipo de produto ou de serviço a ser oferecido pela organização. A definição da finalidade de uma organização não está mais atrelada unicamente aos desejos e interesses de seus proprietários, deve considerar também as necessidades e expectativas dos clientes/usuários/beneficiários.

Por outro lado, a prática de gerenciar tem salientado a necessidade de tornar conhecida a missão da organização, a fim de que seus dirigentes, gerentes e demais empregados possam canalizar seus esforços para atingi-la e a fim de que a organização seja considerada legítima pela sociedade. Outra tendência tem sido definir a finalidade a partir de processos mais participativos, com um número maior de empregados contribuindo para essa tarefa.

No caso das organizações não governamentais, verifica-se que sua missão é em geral determinada em assembleias, das quais participa um número variável de sócios e colaboradores, dependendo do estatuto da ONG. A partir da década de 1980, como reflexo do processo de democratização que retirou da clandestinidade a maioria das ONGs, estas têm se preocupado não só em explicitar para a sociedade a sua finalidade, como também em ampliar o grau de participação de seus integrantes e beneficiários na determinação de seus objetivos.

Como gerenciar é estabelecer objetivos e alocar recursos para atingir finalidades determinadas, a ação do gerente deve ser avaliada para se verificar como ele está utilizando os recursos disponíveis e sua capacidade de viabilizar o alcance dos objetivos da organização. Para avaliarmos a gerência, portanto, devemos nos valer das medidas de *eficiência, eficácia* e *efetividade*. Aplicando conceitos de diferentes campos do conhecimento, propondo princípios, instrumentos e formas de agir, bem como analisando o sucesso e o fracasso de empresas e instituições públicas, o estudo da administração vem buscando, ao longo dos anos, a eficiência, a eficácia e a efetividade, como forma de permitir o desenvolvimento e a sobrevivência das organizações.

O QUE É EFICIÊNCIA?
É a melhor forma de fazer algo com os recursos disponíveis.

O QUE É EFICÁCIA?
É fazer o que deve ser feito, isto é, cumprir o objetivo determinado.

Para melhor compreender os conceitos de eficiência e eficácia, analisemos a seguinte situação: dois professores viajam a São Paulo para ministrar um curso. O primeiro, Fernando Braga, viaja de avião, gastando R$ 270,00, e chega a tempo de dormir confortavelmente. O segundo, Rodrigo Bessa, viaja de ônibus, gastando R$ 68,00, e dorme no próprio ônibus, só tendo tempo de tomar uma ducha e o café da manhã antes de iniciar a aula. Fernando ministra um excelente curso, enquanto Rodrigo, cansado, tem desempenho insatisfatório.

Esse caso ilustra as noções de eficiência e eficácia, bem como a diferença entre ambas. Pode-se dizer que, com relação aos recursos financeiros, Rodrigo foi mais *eficiente* que Fernando, porque gastou menos. Por outro lado, apesar de mais eficiente, Rodrigo foi menos eficaz, pois seu curso não foi satisfatório. Já Fernando, apesar de menos eficiente, foi mais eficaz, pois ministrou um bom curso. Não basta, portanto, fazer um trabalho com menos recursos, é necessário fazer a coisa certa, ser eficaz.

Da mesma forma que avaliamos as atividades dos professores, também podemos analisar o trabalho do gerente em uma organização. Medidas de eficiência e eficácia devem ser previamente estabelecidas para avaliarmos seu desempenho à frente das atividades organizacionais.

Para analisarmos o desempenho de organizações, gerentes, equipes ou indivíduos isolados devemos ter em mente as seguintes hipóteses:

Desempenho	Avaliação
Eficaz e eficiente	Os objetivos propostos foram atingidos com a menor utilização dos recursos disponíveis.
Eficaz, mas ineficiente	Os objetivos foram alcançados, mas com maior consumo de recursos do que o previsto.
Eficiente, mas ineficaz	Os recursos foram utilizados conforme o estabelecido, porém os objetivos previstos não foram alcançados.
Ineficaz e ineficiente	Os objetivos não foram alcançados e o consumo de recursos ultrapassou o previsto.

As medidas de eficiência e eficácia são relativas, pois, dependendo de seus objetivos, cada organização estabelecerá diferentes graus de eficiência e eficácia. Por vezes, para conquistar um mercado ou ampliá-lo, a organização pode decidir trabalhar com baixos graus de eficiência. Inversamente, em virtude das circunstâncias, pode adiar uma atitude mais agressiva em termos de metas para ser mais eficiente, isto é, diminuir os custos.

Uma ONG pode ter como estratégia, por exemplo, ampliar sua área geográfica de atuação, estabelecendo que, nos próximos dois anos, trabalhará em um projeto de incentivo à produção em uma nova região, consumindo mais recursos do que o previsto para projetos semelhantes na região de origem. Nesse caso, ao buscar a eficácia, estará sendo menos eficiente.

Por outro lado, dada a limitação de recursos financeiros, a mesma ONG procurará economizar em outros itens, como transporte, adiando algumas reuniões de trabalho que necessitam de maior deslocamento. Nesse caso, estará priorizando a eficiência, na medida em que gasta menos, apesar de prejudicar a eficácia.

Há ainda uma terceira medida a ser levada em consideração quando se efetua a avaliação das atividades de uma organização: a *efetividade*. Esta se refere à capacidade da organização de atender às demandas da sociedade.

> **O QUE É EFETIVIDADE?**
>
> É a capacidade de atender às expectativas da sociedade.

É mais complexo medir o grau de efetividade porque isso pressupõe conhecer a demanda ou a expectativa de demanda de determinado produto ou serviço e compará-las com a capacidade da organização para fazer frente a essa demanda. Um exemplo dessa medida é a demanda de linhas telefônicas, que tem sido superior à capacidade de instalação das empresas responsáveis por esse serviço. Nesse caso, a empresa pode estar sendo eficiente, porque gastou os recursos previstos na instalação de telefones, e eficaz, porque atingiu a meta planejada de número de telefones instalados, contudo não é efetiva porque sua meta foi fixada aquém da demanda.

As medidas de *eficiência*, *eficácia* e *efetividade* devem ser fixadas previamente, com base na experiência da organização, no resultado obtido por organizações de tamanho, finalidade e área de atuação semelhantes, ou nas expectativas criadas. O estabelecimento prévio de medidas é importante porque permite comparar o planejado com o realizado, possibilitando a análise dos desvios.

Para compreendermos melhor essas três medidas, consideremos o caso de uma ONG que abriga 150 crianças abandonadas e que fixou para o ano de 2007 o objetivo de acolher mais 100 meninos e meninas de rua. A organização também fixou o custo por criança em R$ 400,00 ao mês. A intenção era dar às crianças abrigo, alimentação, educação, encaminhando-as à escola formal, e reintegrá-las às famílias quando possível.

No fim do ano, a organização verificou que acolhera 110 crianças, a um custo de R$ 440,00 mês/criança.

Comparando o previsto com o realizado, constatamos que:

- o objetivo de acolher mais 100 crianças foi superado, pois a organização abrigou 110 crianças, sendo portanto eficaz;
- o gasto de R$ 440,00 ao mês por criança superou o custo previsto de R$ 400,00, o que mostra que a organização não foi eficiente. Diante desse dado, caberia aos dirigentes da ONG examinar as razões da menor eficiência e buscar medidas corretivas.

Para avaliar o grau de efetividade desse resultado seria necessário analisar também outros indicadores, como o número total de crianças de rua, o número de abrigos existentes e sua capacidade de ocupação. Como a sociedade deseja que *todas* as crianças sejam atendidas, é muito pouco provável que, tendo em vista a limitação de recursos e o número de crianças existentes, a ONG esteja sendo efetiva em seu trabalho.

Já vimos que as organizações existem para produzir bens e prestar serviços. Sua sobrevivência depende de atenderem às expectativas de seus clientes e proprietários, de encontrarem a melhor forma de realizar o trabalho necessário à produção desses bens e à prestação de serviços, bem como de aproveitarem da melhor forma possível os recursos de que dispõem. Sendo assim, o que garante a sobrevivência da organização é uma gerência comprometida com a eficiência, a eficácia e a efetividade.

Essa gerência, por sua vez, é realizada através do exercício cotidiano de quatro funções primordiais, denominadas *funções gerenciais*.

FUNÇÕES GERENCIAIS
São atividades realizadas por um gerente – dirigente, chefe de departamento, coordenador ou supervisor – para buscar a sobrevivência da organização ou unidade que gere.

Funções gerenciais

As funções gerenciais essenciais ao trabalho do gerente são: *planejamento, organização, direção* e *controle*. Essas funções devem ser entendidas como um ciclo que se repete dentro da organização e que está relacionado com a previsão, a divisão do trabalho, a execução e o acompanhamento.

A primeira dessas funções, o *planejamento*, tem a finalidade de preparar a organização para enfrentar o futuro. Através do planejamento, a organização traça seus objetivos e define os recursos e os meios necessários para atingi-los. Se não definirmos o rumo que queremos seguir, a finalidade e os objetivos a alcançar, nunca conseguiremos avaliar se chegamos aonde pretendíamos, daí a importância do planejamento para as organizações. Sem planejamento as pessoas têm dificuldade tanto para definir o que devem fazer, quanto para avaliar o caminho seguido.

> **PLANEJAMENTO**
>
> É a ação de determinar a finalidade e os objetivos da organização e prever as atividades, os recursos e os meios que permitirão atingi-los ao longo de um período de tempo determinado.

> **ORGANIZAÇÃO**
>
> É a ação de agrupar pessoas e recursos, definir atribuições, responsabilidades e normas, de modo a atingir a finalidade e os objetivos previstos.

> **DIREÇÃO**
>
> É a ação de conduzir e motivar pessoas a exercerem suas tarefas a fim de alcançar os objetivos organizacionais.

Para que uma organização tenha êxito, não basta definir aonde se pretende chegar. É fundamental organizar o trabalho a ser realizado, estabelecendo atribuições e responsabilidades, distribuindo recursos e definindo formas de trabalho, de modo a garantir que os objetivos sejam atingidos. É através da função *organização* que viabilizamos a execução do trabalho necessário ao alcance dos objetivos.

Se o planejamento define o que fazer e a função organização estabelece quem faz o quê, com que recursos e de que forma, falta ainda um elemento importante para garantir que o trabalho previsto seja executado: a *direção*. Ao exercer a função direção, o gerente toma decisões, orienta e estimula as pessoas a realizarem o trabalho necessário para atingir os objetivos organizacionais.

Além de motivar as pessoas, cabe também ao gerente acompanhar a execução do trabalho para verificar se este está sendo realizado conforme o previsto, observar se os objetivos estão sendo alcançados no tempo determinado, com o dinheiro e os materiais alocados, e tomar medidas corretivas, quando necessário. No final, o gerente avaliará se os resultados planejados foram alcançados. A esta função gerencial denomina-se *controle*.

CONTROLE

É a ação de comparar os objetivos estabelecidos e os recursos previstos com os resultados atingidos e os recursos realmente gastos, a fim de tomar medidas que possam corrigir ou mudar os rumos fixados.

Esta função permite avaliar os resultados, comparando-os com o que fora inicialmente planejado. Por meio da função controle, a organização pode rever seus rumos, caso constate que os objetivos traçados não estão sendo atingidos, e iniciar uma nova etapa de planejamento.

Concluindo: pode-se afirmar que as funções gerenciais estabelecem ciclos contínuos que têm início com o planejamento e terminam com o controle, o qual, por sua vez, subsidia uma nova etapa de planejamento, conforme ilustrado a seguir.

Principais funções

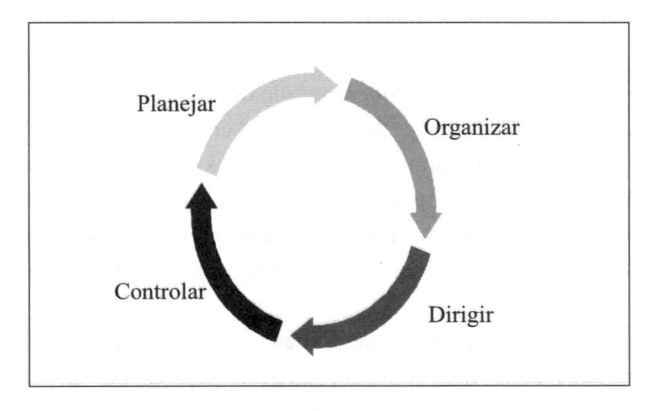

Planejar → Organizar → Dirigir → Controlar

Para compreendermos de forma ainda mais completa o ato de gerenciar, faz-se necessário olhar a organização como uma pirâmide dividida horizontalmente em três níveis. Cada um desses níveis é responsável por decisões específicas, que, em conjunto, devem permitir alcançar a missão da organização. Esses três níveis hierárquicos de decisão são os seguintes: *estratégico* ou institucional, *tático* ou gerencial e *operacional* ou de execução.

Níveis organizacionais

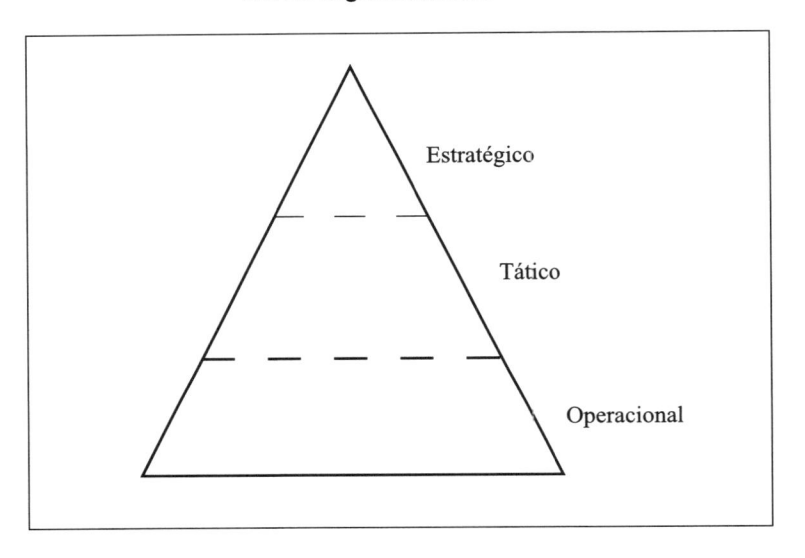

```
         /\
        /  \
       / Estratégico
      /------\
     /        \
    /   Tático  \
   /------------\
  /              \
 /   Operacional  \
/_____\
```

No *nível estratégico* ou *institucional* são definidos a missão e os objetivos a serem perseguidos, dentro de determinado período de tempo. As decisões acerca desses temas são geralmente tomadas pelos dirigentes das organizações em assembleias, conselhos de administração ou reuniões de diretoria. Neste nível, os decisores precisam ver a organização como um todo, analisando suas relações com clientes/usuários, fornecedores, concorrentes, financiadores e demais entidades.

No *nível tático* ou *gerencial* são tomadas decisões específicas sobre cada parte da organização, como produção, finanças, pessoal, patrimônio, cabendo a cada responsável estabelecer objetivos, metas e recursos. Neste nível, os decisores são geralmente diretores, chefes de departamento ou coordenadores de área e cada um se preocupará com os objetivos e necessidades de sua unidade e as relações desta com as demais, de forma a garantir a execução das decisões tomadas no nível estratégico.

No *nível operacional* ou *de execução* são realizadas as atividades necessárias ao cumprimento dos objetivos da organização. Refere-se, portanto, às unidades ou pessoas diretamente responsáveis pela produção de bens ou pela prestação de serviços. Neste nível são resolvidos os problemas do dia a dia e

O DESAFIO DA GESTÃO

são especificados detalhes sobre a melhor forma de realizar o trabalho. Em algumas organizações são os próprios empregados que tomam essas decisões.

De forma sintética, pode-se dizer que, para gerenciar, se deve ter em mente a busca da eficiência, da eficácia e da efetividade; deve-se planejar, organizar, dirigir, controlar e tomar decisões estratégicas, táticas ou operacionais. Essas condições inerentes ao ato de gerenciar, no entanto, contrastam com o que se observa no dia a dia das ONGs, que, por suas características peculiares e pela própria formação de seu corpo dirigente, mais voltado para as atividades finalísticas da organização, exercem a gestão tendo por base a intuição e o bom senso, carecendo de embasamento técnico em administração.

Por essa razão, serão introduzidos, nos próximos capítulos, conceitos e instrumentos de administração relacionados às funções gerenciais de planejamento, organização, direção e controle e aplicados às organizações não governamentais. É fundamental, no entanto, que a utilização desse instrumental seja feita a partir de uma análise crítica, tendo em vista uma adequação maior à realidade de cada ONG.

Capítulo 3

Função planejamento

Como vimos, o trabalho do gerente consiste basicamente em planejar, organizar, dirigir e controlar. Neste capítulo abordaremos a *função planejamento*, por ser esta a que orienta todas as ações no dia a dia das organizações.

Se prestarmos atenção, verificaremos que, mal nos levantamos de manhã, já estamos pensando nas atividades que faremos durante o dia, em seus horários, nos recursos necessários para realizá-las, nos contratempos que poderão acontecer e em como superá-los. Quando pensamos antecipadamente no que faremos, estamos fazendo escolhas sobre acontecimentos futuros, estamos portanto planejando.

Certas ações de planejamento, como a elaboração de uma agenda diária, nos tomam apenas alguns minutos. Outras, como o planejamento da compra de um apartamento ou da realização de uma viagem, implicam coleta de dados junto a amigos e agências de viagens, análise de informações, fixação de critérios para decidir e disponibilidade de recursos, demandando mais tempo.

> **O que é Planejamento?**
>
> É o processo de estabelecer antecipadamente a finalidade da organização, escolher objetivos e prever as atividades e os recursos necessários para atingi-los.

O tempo gasto no planejamento, no entanto, permite que nos preparemos para avaliar riscos, aproveitar oportunidades e não desperdiçar recursos.

Da mesma forma que planejamos nossas ações futuras, as organizações devem reservar um tempo para discutir e estabelecer sua missão, escolher objetivos e prever as atividades e os recursos que permitirão alcançá-los.

Planejar é uma forma de pensar o futuro da organização, definindo o que fazer, como, quando e com que recursos.

Nesse processo, é importante considerar que a organização está inserida num contexto constituído pela sociedade, pelo Estado e por instituições que influenciam suas decisões. Por isso, ao planejarmos, devemos identificar as mudanças que podem ocorrer no contexto e como estas afetariam as atividades da organização, o que nos possibilita avaliar oportunidades e riscos e pensar em soluções alternativas.

No caso das ONGs, constatamos que seus dirigentes têm boa percepção dos acontecimentos externos que influenciam suas ações, revendo suas atividades quando da renovação dos financiamentos. Contudo, a partir da década de 1990, as ONGs têm procurado incrementar suas atividades mediante a otimização de recursos, a melhoria do funcionamento interno e a ampliação de relações com outras organizações. Esse esforço implica que as ONGs estabeleçam um processo de planejamento e o traduzam num documento denominado plano.

Neste capítulo apresentaremos alguns instrumentos de planejamento: o *planejamento estratégico*, o *cronograma* e o *orçamento*. O primeiro destina--se a pensar o futuro da organização a longo prazo, a partir da análise de seu contexto. O segundo, a visualizar as atividades da organização ao longo do tempo. O último destina-se a pensar a organização em termos de receitas e despesas, entrada e saída de dinheiro, ou seja, em termos de fonte e aplicação dos recursos financeiros.

Planejamento estratégico

Denomina-se *planejamento estratégico* o planejamento voltado para a visão ampla, global e de longo alcance da organização, baseada na análise do contexto. Sua finalidade é buscar alternativas de ação, sendo normalmente realizado quando da criação da organização ou em momentos de crise. Em termos ideais, no entanto, deveria ser realizado de tempos em tempos, de modo a prevenir crises e a discutir novas perspectivas para a organização.

Por acreditarem que esse tipo de planejamento depende de um exaustivo levantamento de dados, empresas e órgãos governamentais têm confiado mais no planejamento tradicional, que é orientado para ações de curto prazo e cujo principal instrumento é o orçamento anual.

Sem dúvida, a realização do planejamento estratégico exige que dirigentes e membros da organização se mantenham em alerta, observando as mudanças do contexto, questionando crenças e sendo capazes de introduzir novos elementos a cada dia, de forma a levar a organização ao encontro de novas realidades. Significa também visualizar o futuro, pensar em alternativas e ter em mente que planos são guias e não dogmas, devendo ser flexíveis para se adaptarem às imprevisibilidades do cotidiano.

Função Planejamento

Tendo em vista que o planejamento estratégico representa um novo comportamento em relação à gestão da organização, deve ser entendido como um processo de aprendizado e integração que visa a fazer com que os membros da organização compartilhem ideias a respeito de seus rumos.

É importante notar que o planejamento deve envolver todas as pessoas e que cada uma deve definir objetivos e estratégias que possibilitem a elaboração do plano da organização. Qualquer processo que isole departamentos e pessoas, isto é, que não considere todas as áreas da organização, tende a fracassar. O planejamento estratégico necessita do conhecimento, do entusiasmo, da criatividade e do diálogo entre colegas e entre subordinados e superiores. É uma oportunidade para que sejam trocadas impressões e compartilhados sonhos, visões e ideias sobre a organização e seu futuro.

Cabe considerar que não existe uma maneira única ou um processo único de planejar, e sim alguns passos básicos que podem nortear esse processo, cujo produto será o plano da organização.

O processo de planejamento estratégico é constituído das seguintes etapas: definição da missão, análise do contexto externo, análise do contexto interno, definição de objetivos, definição de estratégias e redação ou elaboração do plano. Apesar de as etapas serem apresentadas em ordem sequencial, o processo só termina quando se faz uma avaliação do conjunto, de modo a garantir a coerência do plano.

A seguir, apresentamos de forma gráfica as diferentes etapas do processo de planejamento estratégico.

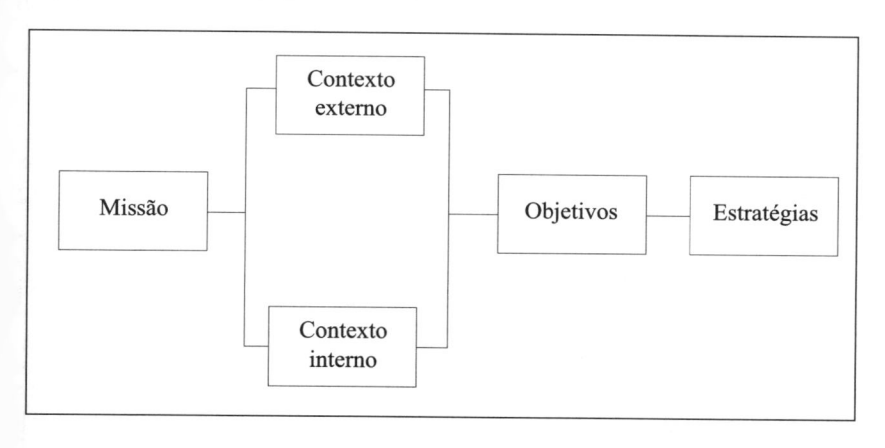

Definição da missão

A definição da missão é o principal aspecto do planejamento estratégico, pois significa tomar hoje uma decisão que repercutirá no futuro da organização. A missão deve ser pensada e definida pela direção da organização, com a participação dos funcionários. No caso das ONGs, deve incluir representantes dos beneficiários de suas ações, contribuindo assim para uma participação e um comprometimento maiores com a organização.

> **O QUE É MISSÃO?**
>
> É a finalidade, a razão de ser, a mais elevada aspiração que legitima e justifica social e economicamente a existência de uma organização e para a qual devem se orientar todos os esforços.

> **COMO FAZER?**
>
> Para definir a missão, recomenda-se marcar uma reunião especificamente para tratar do assunto, com convocação prévia e agenda. Após a explicação do significado da missão, deve-se solicitar a cada participante que defina o que considera ser a missão da organização. Feito isso, cada um deve expor suas ideias livremente, possibilitando o surgimento de definições novas e criativas. Pode-se também definir a missão solicitando ao grupo que analise a finalidade declarada no estatuto da ONG.
>
> Desse processo surge uma definição prévia de missão que deve ser submetida às seguintes questões:
>
> ❑ *Qual o propósito de nossa organização?*
>
> ❑ *O que a organização deveria ser?*
>
> ❑ *O que será a organização no futuro, para onde vamos?*
>
> A primeira questão — *qual o propósito de nossa organização?* — visa a analisar o que a organização está fazendo segundo seus estatutos de criação e sua tradição, bem como se esse propósito continua a corresponder às demandas do contexto.
>
> A segunda — *o que a organização deveria ser?* — é uma especulação sobre possíveis áreas de ação no futuro. É nessa questão que a visão estratégica mais

Continua

se manifesta, pois representa a tentativa de projetar a organização em um futuro não determinado, onde poderão ser definidos outros segmentos da população a serem atendidos, bem como outras áreas geográficas de atuação. Buscam-se novos conceitos, novas formas e alternativas de ação, visualizando a organização em cada uma delas. Essa análise da relevância da missão implica discutir o campo de atuação da organização, sua forma e maneira de atuar, sua abrangência geográfica, seus compromissos valorativos. Se a organização perceber claramente qual deve ser sua contribuição para a sociedade, pode decidir se irá manter, adaptar ou modificar sua missão.

A terceira questão — *o que será a organização no futuro, para onde vamos?* — tem por objetivo identificar os riscos para a organização decorrentes de mudanças no contexto. Procura-se identificar como as mudanças podem afetar a missão da organização, fazendo com que corra o risco de se tornar rapidamente obsoleta. Uma organização deve estar disposta a mudar continuamente, a trabalhar com diversos setores, a rever suas ações, a procurar novas alternativas para responder às demandas colocadas; só dessa forma poderá assegurar sua sobrevivência e continuidade. Essa predisposição à mudança assegurará flexibilidade à organização, colocando-a em posição de alerta para as oportunidades que venham a surgir.

Cabe observar que a análise do contexto externo, etapa que apresentaremos mais adiante, ajudará a responder às questões formuladas acima.

Respondidas as questões, o grupo redige a missão, de forma sucinta e comunicável, indicando a razão de ser da ONG, visando a singularizá-la e a aproximá-la de seu público.

MISSÃO DA ONG *COOPERANDO*
"Estimular a criação e o fortalecimento de cooperativas de produção no âmbito do estado do Rio de Janeiro."

Para fins de ilustração, imaginemos uma organização não governamental hipotética que denominaremos *Cooperando* e vejamos como foi definida sua missão.

A redação desta missão identifica a finalidade da ONG, delimita seu campo de atuação e sua abrangência, como podemos ver a seguir.

❏ Finalidade	⇒	estimular a criação e o fortalecimento de cooperativas.
❏ Campo de atuação da organização	⇒	cooperativas de produção.
❏ Abrangência	⇒	no âmbito do estado do Rio de Janeiro.

Na maioria das ONGs, a missão é composta por expressões tais como conscientização, autodeterminação e autogestão, que têm uma conotação de conquista de autonomia ao longo do tempo por parte da cidadania. Isso significa que, no momento em que a missão é plenamente atingida, a razão de ser da organização deixa de existir. Logo, uma vez atingidos os propósitos da organização, sua continuidade só terá sentido se sua missão for reformulada e redimensionada.

Para exemplificar essa situação, imaginemos que, se a humanidade se conscientizasse e passasse a preservar o meio ambiente, acabaria a missão das ONGs que se dedicam a essa causa. No caso das organizações não governamentais cuja missão está centrada na autodeterminação das minorias, no momento em que esses grupos aprendessem a lutar por seus direitos, estaria finalizada a missão dessas organizações. E então, o que fazer? Que caminho seguir? É primordial que as organizações reavaliem constantemente sua missão para estarem em sintonia com a evolução das demandas da sociedade.

Finalmente, cabe ressaltar que a missão precisa ser conhecida pelo público interno — sócios, funcionários e colaboradores — e pelo público externo — cidadãos-beneficiários, instituições financiadoras, fornecedores, comunidade, demais ONGs e governo. A divulgação da missão contribui para o estabelecimento de parcerias e de compromissos internos, bem como para o fortalecimento da imagem institucional junto à sociedade.

Análise do contexto externo

Para entendermos o comportamento de uma pessoa, precisamos localizá-la no tempo e no espaço e conhecer os aspectos da sociedade que influenciam seu modo de vida. Do mesmo modo, para conhecermos uma organização, precisamos analisar o contexto no qual ela se insere.

Identificar quem ou o que influencia uma organização representa apenas um passo. Mais importante é verificar que tipo de influência esses aspectos exercem, de modo a conhecer riscos e oportunidades e a estabelecer linhas de ação que possibilitem à organização se prevenir e se adaptar às condições do contexto.

> **O QUE É CONTEXTO EXTERNO?**
>
> São instituições e aspectos da sociedade que afetam nossa organização.

Função Planejamento

> **O QUE É OPORTUNIDADE?**
>
> É o aspecto que afeta ou pode vir a afetar positivamente a organização, contribuindo para o cumprimento de sua missão.

> **O QUE É AMEAÇA?**
>
> É o aspecto que afeta ou pode vir a afetar negativamente a organização, comprometendo o cumprimento de sua missão.

A análise do contexto começa a partir do momento em que identificamos que tipo de influência cada aspecto exerce sobre nossa organização e o classificamos como positivo, se representa uma oportunidade, ou como negativo, se representa uma ameaça.

Exemplos de aspectos que podem representar oportunidades para as ONGs:

- crescente conscientização na luta pela democracia;
- momento político que favoreça uma atitude crítica da sociedade;
- fortalecimento das instituições políticas.

Exemplos de ameaças:

- questionamento do trabalho das ONGs;
- modelo de desenvolvimento concentrador de riqueza;
- dificuldade de obtenção de novos financiamentos.

COMO FAZER?

Na análise do contexto externo, o primeiro passo é pedir ao grupo que participa do processo de planejamento estratégico que faça uma relação de instituições e aspectos da sociedade que afetam de alguma forma o trabalho da organização.

Após elaborada a relação, o segundo passo consiste em analisar o tipo de influência que cada instituição ou aspecto exerce. Para reunir o maior número possível de observações, sugerimos que se formem pequenos grupos, cuja tarefa será identificar se a influência representa uma oportunidade ou uma ameaça para a ONG. Em seguida, todo o grupo deve debater as observações, procurando chegar a um consenso. Por vezes faz-se necessário coletar dados numéricos, pesquisar documentos legais, ouvir pessoas, a fim de que o grupo tenha subsídios para analisar de modo mais abrangente e profundo os diferentes aspectos do contexto.

O terceiro passo é selecionar os aspectos que têm maior impacto sobre a organização e que deverão ser acompanhados continuamente, visto que é impossível monitorar todas as influências provenientes do contexto.

Para facilitar a análise do contexto externo, este pode ser classificado em tecnológico, político, econômico, jurídico/legal, sociocultural, demográfico, ecológico.

Retomando a organização não governamental *Cooperando*, passaremos a exemplificar cada aspecto do contexto.

Com relação ao *contexto tecnológico*, verificaremos que método de trabalho é utilizado pela ONG *Cooperando* para possibilitar a criação e o fortalecimento do cooperativismo. Perguntaremos se o método é condizente com a missão da ONG, se há métodos novos e se devemos incorporá-los ou não.

Do ponto de vista *político*, observaremos quais são as tendências do quadro político mundial, nacional, estadual e local e nos perguntaremos como essas tendências influenciam o cumprimento da missão da ONG *Cooperando*. Pode-se supor que a constatação da predominância de uma ideologia social democrática represente uma oportunidade para a realização ou a expansão do trabalho da ONG, enquanto uma ideologia liberal exigiria um esforço maior e poderia até representar uma ameaça ao seu trabalho.

A tendência à terceirização, à má distribuição de renda e ao aumento do desemprego são *aspectos econômicos* do contexto que criam oportunidades para a atuação da *Cooperando*, visto que sua ação procura minimizar os efeitos dessas tendências.

Com relação ao aspecto *jurídico/legal*, cabe perguntar até que ponto a legislação que regula a constituição e o funcionamento de cooperativas no país favorece a criação desse tipo de organização.

Do ponto de vista *sociocultural*, podemos verificar qual tem sido o comportamento da população no que se refere, por exemplo, às relações de trabalho e à participação comunitária.

Com relação ao *contexto demográfico*, cabe analisar dados relativos a densidade populacional, índice de alfabetização, renda familiar, população economicamente ativa, mobilidade e outros.

No anexo 1, ao fim deste capítulo, apresentamos, a título de complementação, um quadro com a definição de aspectos do contexto externo que podem subsidiar a análise a ser empreendida por uma ONG. Cabe ressaltar que não há apenas uma única interpretação para os dados do contexto que está sendo analisado; por isso, um mesmo aspecto pode ser considerado oportunidade por alguns membros do grupo e ameaça por outros. Nesse caso, faz-se necessário chegar a um consenso e acompanhar o comportamento do aspecto controverso, de modo a direcionar as ações da organização.

A análise do contexto externo deve ser complementada por observações de como a organização percebe o comportamento dos beneficiários atuais e potenciais, das entidades financiadoras e de apoio, dos fornecedores e dos concorrentes.

Análise do contexto interno

Até aqui focalizamos nossa atenção naqueles aspectos que, apesar de externos à organização, a afetam de alguma maneira. Cabe considerar, porém, que aspectos da própria organização também influenciam seu funcionamento e seu desempenho. Esses aspectos fazem parte do contexto interno, que abordaremos a seguir.

> **O QUE É CONTEXTO INTERNO?**
>
> São aspectos internos à organização que favorecem ou dificultam seu desempenho, desenvolvimento e crescimento.

Esses aspectos dizem respeito a como é feita a divisão do trabalho, como são tomadas as decisões e distribuídos os recursos, como se dá o envolvimento dos funcionários com o trabalho e com os objetivos da organização, como são as relações entre os membros da organização e quais são as condições de infraestrutura física e tecnológica para se desenvolver o trabalho.

> **COMO FAZER?**
>
> As informações a respeito do contexto interno podem ser obtidas através de discussão estruturada ou a partir de resultados de levantamentos, utilizando-se, por exemplo, um formulário que aborde os temas citados. A discussão deve envolver, se possível, todas as pessoas que trabalham na organização, dirigentes, técnicos, demais empregados, beneficiários, fornecedores e financiadores, para que se conheça a percepção externa acerca da organização.

Do mesmo modo que os aspectos externos do contexto, os internos também devem ser classificados em pontos fortes ou positivos, se facilitam a ação da ONG, ou em pontos fracos ou negativos, se dificultam seu trabalho.

> **O QUE SÃO PONTOS FORTES?**
>
> São os aspectos da organização e dos indivíduos que nela trabalham que contribuem para sua sobrevivência e consolidação.

> **O QUE SÃO PONTOS FRACOS?**
>
> São os aspectos da organização e dos indivíduos que nela trabalham que ameaçam a sua sobrevivência e consolidação.

Tal levantamento fornece indicações para os membros da ONG, em particular para seus dirigentes, sobre os aspectos que devem ser potencializados e consolidados e os que devem ser minimizados ou eliminados.

Exemplos de pontos fortes:

- compromisso dos membros com a missão da ONG;
- tomada de decisões compartilhada;
- facilidade de comunicação e cooperação entre os membros da ONG;
- consenso com relação à necessidade de rever a estrutura organizacional da ONG;
- imagem positiva dos profissionais da ONG junto à sociedade.

Exemplos de pontos fracos:

- dificuldade de cumprir cronograma e analisar resultados;
- incorporação de projetos sem análise prévia sobre sua contribuição para o cumprimento da missão da ONG;
- dificuldade de pensar em termos de custos;
- falta de treinamento para atuar gerencialmente;
- poucos equipamentos audiovisuais e falta de manutenção dos mesmos;
- falta de comunicação entre comissão executiva e coordenadores.

> **O QUE SÃO OBJETIVOS?**
>
> São propósitos específicos, alvos a serem atingidos ao longo de determinado período de tempo, que, em conjunto, resultarão no cumprimento da missão da organização.

Definição de objetivos

Enquanto a missão indica de forma genérica para os públicos interno e externo da organização a finalidade de seu trabalho, os objetivos têm um caráter mais interno e gerencial. Através dos objetivos é possível acompanhar e analisar o desempenho dos responsáveis por seu cumprimento.

FUNÇÃO PLANEJAMENTO

> **COMO FAZER?**
>
> A partir da definição da missão e da análise do contexto, o dirigente, em conjunto com o quadro técnico da ONG, seleciona os objetivos que pretende atingir durante seu mandato.
> Nesta etapa é importante definir os indicadores que servirão para acompanhar os resultados que se pretendem atingir.

A título de exemplo, identificamos alguns objetivos e seus respectivos indicadores:

Objetivos	Indicadores
❏ Aumentar o intercâmbio com outras organizações.	❏ Número de parceiros novos incorporados à ONG ano a ano.
❏ Influenciar na concepção, formulação, implementação, avaliação e transparência das políticas públicas.	❏ Número de participações junto ao Congresso, assembleias estaduais e municipais durante o ano.
	❏ Divulgação de dados para a comunidade (número de reuniões realizadas, número de documentos distribuídos, número de pessoas atendidas).
❏ Aumentar a abrangência da população a ser atendida.	❏ Novas comunidades a serem incorporadas nos próximos dois anos.
❏ Melhorar a imagem da organização.	❏ Resultados de enquetes realizadas junto à comunidade sobre a atuação da ONG.

Voltando ao exemplo da organização *Cooperando*, suponhamos que, para cumprir sua missão, os dirigentes da ONG propusessem, para os próximos dois anos, os seguintes objetivos:

Objetivos	Indicadores
❏ Promover a educação cooperativa junto aos trabalhadores rurais do Norte fluminense.	❏ Número de cooperativas e/ou cooperados na região antes do início do trabalho da ONG *versus* número de cooperativas e/ou cooperados na região após dois anos de atuação da ONG.

Continua

Objetivos	Indicadores
❏ Prestar assistência jurídica e consultoria gerencial à criação de cooperativas.	❏ Número de cooperativas criadas a partir do trabalho da ONG e em funcionamento.
❏ Preparar trabalhadores para que atuem como multiplicadores.	❏ Número de trabalhadores que atuam como multiplicadores.

Cabe observar que os objetivos têm caráter temporário, podendo ser modificados quando há mudança de mandato dos dirigentes, quando se dá a renovação de um financiamento ou quando alterações no contexto afetam o trabalho da organização. Supomos que, transcorridos dois anos, os dirigentes da ONG *Cooperando* analisaram os resultados alcançados e concluíram que havia sido criada uma quantidade representativa de cooperativas para a proporção de trabalhadores rurais existente e que os multiplicadores estavam fazendo um bom trabalho. Diante desses resultados, a nova direção propôs concentrar as ações educativas em outra região; ampliar o trabalho de consultoria gerencial, dando assistência às cooperativas no momento de sua criação e nos cinco anos seguintes; monitorar o trabalho dos multiplicadores e planejar a criação de uma federação com as cooperativas já existentes. Os objetivos de gestão para o biênio seguinte ficaram assim definidos:

Objetivos	Indicadores
❏ Promover a educação cooperativa junto aos trabalhadores rurais do Centro-Oeste fluminense.	❏ Número de cooperativas e/ou cooperados na região antes do início do trabalho da ONG *versus* número de cooperativas e/ou cooperados na região após dois anos de atuação da ONG.
❏ Prestar assistência jurídica e consultoria gerencial para a criação de cooperativas.	❏ Número de cooperativas criadas a partir do trabalho da ONG e de cooperativas em funcionamento.
❏ Acompanhar o gerenciamento das cooperativas criadas.	❏ Número de consultas realizadas. ❏ Desempenho das cooperativas.

Continua

Função Planejamento

Objetivos	Indicadores
❑ Preparar trabalhadores do Centro-Oeste fluminense para atuarem como multiplicadores	❑ Número de trabalhadores que atuam como multiplicadores
❑ Promover novo treinamento para os multiplicadores	❑ Número de multiplicadores que participaram do treinamento ❑ Qualidade do trabalho dos multiplicadores
❑ Estabelecer intercâmbio com outras cooperativas	❑ Número de contatos realizados

Definição de estratégias

> **O QUE SÃO ESTRATÉGIAS?**
>
> São caminhos escolhidos que indicam como a organização pretende concretizar seus objetivos e, consequentemente, sua missão.

Enquanto os objetivos nos dão ideia das escolhas realizadas pelos dirigentes de uma ONG, indicando onde estarão concentrados os esforços, as estratégias ou linhas de ação nos indicam como se pretende atingir os objetivos. Eles representam escolhas relativas à forma e aos instrumentos necessários para a realização do trabalho.

As estratégias constituem respostas às ameaças e às oportunidades identificadas quando da análise do contexto, bem como aos pontos fracos e fortes encontrados na organização. Nascem do conhecimento acumulado, da imaginação, de conjecturas e de projeções e, tal qual os objetivos, devem ser quantificadas em termos de dinheiro, tempo, percentuais etc.

> **COMO FAZER?**
>
> O dirigente, em conjunto com o quadro técnico da ONG, faz escolhas acerca das estratégias que pretende implementar, de modo a atingir os objetivos previstos e fazer face às contingências do ambiente.

Eis alguns exemplos de estratégias, por áreas:

Áreas	Estratégias
Produtos/serviços	❑ Promover maior participação dos beneficiários na definição dos serviços a serem oferecidos. ❑ Identificar as necessidades da comunidade para definir a melhor forma de prestar o serviço.
Comunidade	❑ Ampliar/reduzir a área geográfica de atuação. ❑ Dar maior atenção à divulgação de todos os produtos/serviços oferecidos pela ONG às comunidades e órgãos financiadores. ❑ Ampliar/reduzir/manter o número de produtos/serviços oferecidos. ❑ Incorporar novos beneficiários.
Concorrência	❑ Buscar/não buscar parceria com ONGs concorrentes que fornecem os mesmos produtos/serviços à mesma comunidade.
Financeira	❑ Buscar novas fontes de financiamento. ❑ Autofinanciar 20% do orçamento através da venda de produtos/serviços.
Produtividade	❑ Melhorar o controle de gastos por projetos, estabelecendo tetos mínimo e máximo. ❑ Aumentar o número de produtos/serviços oferecidos sem aumentar os gastos com pessoal.
Administração	❑ Avaliar e reformular a estrutura organizacional nos próximos x anos, de modo a obter maior autonomia e flexibilidade. ❑ Aumentar o nível de controle sobre os resultados alcançados.
Tecnologia e inovação	❑ Instalar sistema integrado de informação. ❑ Melhorar o sistema de comunicações internas e externas através da aquisição de equipamentos eletrônicos.

FUNÇÃO PLANEJAMENTO

Dando continuidade ao trabalho de planejamento empreendido pela organização não governamental *Cooperando*, caberia agora definir estratégias para os objetivos fixados.

Objetivos	Estratégias
❏ Promover a educação cooperativa junto aos trabalhadores rurais do Centro-Oeste	❏ Elaborar material didático sobre cooperativismo ❏ Realizar reuniões e seminários sobre cooperativismo
❏ Prestar assistência jurídica e consultoria gerencial à criação de cooperativas	❏ Contratar serviços de advogados e administradores com experiência em cooperativismo
❏ Preparar trabalhadores para atuarem como multiplicadores	❏ Realizar cursos de formação de multiplicadores

Planejamento tático e planejamento operacional

Quando se elabora o planejamento estratégico, as atenções se voltam para a organização como um todo, vista de forma abrangente. Existem, contudo, outros níveis de planejamento, como o tático e o operacional, que procuram estabelecer objetivos mais detalhados. Abordaremos aqui esses outros níveis de planejamento.

No *planejamento tático*, as atenções são mais específicas e estão voltadas para dentro da organização. É no planejamento tático que são explicitados objetivos e métodos de ação para cada uma das atividades a serem desenvolvidas pela organização, como: produção, pesquisas, divulgação, finanças, pessoal, material e patrimônio.

O planejamento tático reflete, portanto, o detalhamento das diferentes atividades desenvolvidas pela organização para cumprir sua missão e tem uma dimensão temporal de médio prazo. Isso significa que a dimensão temporal no planejamento estratégico é de longo prazo — cinco a 10 anos —, enquanto no tático seria de dois a três anos.

O *planejamento operacional*, por sua vez, é o detalhamento dos objetivos e métodos do planejamento tático em cada área da organização, visando a especificar os objetivos a serem cumpridos no prazo de seis meses a um ano.

Quando desenvolvemos os planejamentos tático e operacional, devemos considerar os seguintes fatores: tamanho da organização, diversificação de suas atividades, ritmo das mudanças no seu contexto. Assim, quanto maior for a organização e mais diversificadas forem suas atividades, maior será o detalhamento do planejamento. Ao contrário, quanto maior for o ritmo de mudanças, mais genérico tenderá a ser o planejamento, para dar maior flexibilidade à organização.

No caso das ONGs, podem-se tomar como parâmetro um planejamento estratégico com dimensão temporal de cinco a seis anos e um planejamento tático de três anos, ou que coincidam com os prazos de financiamento das agências. Já o planejamento operacional anual ou semestral permite acompanhar o cumprimento dos objetivos acordados e tomar medidas preventivas e corretivas.

Tendo em vista as aceleradas mudanças do contexto, cada vez mais as organizações definem estratégias e objetivos alternativos, a fim de adequá-los a essas mudanças.

> **O QUE É PROGRAMA?**
>
> É o conjunto de projetos a serem executados, para os quais há recursos específicos. No programa agrupam-se projetos que se assemelham em termos de objetivos ou áreas de atuação.

> **O QUE É O PROJETO?**
>
> É o trabalho realizado com prazo determinado e recursos estabelecidos previamente, como tempo, dinheiro, equipamento e pessoas.

> **O QUE É ATIVIDADE?**
>
> É o trabalho necessário ao funcionamento de uma organização que é realizado de modo rotineiro. As atividades também constituem as ações programadas de um projeto.

Vejamos o exemplo da ONG *Cooperando*: as atividades relacionadas diretamente com sua missão são a educação cooperativa, a assistência jurídico-gerencial e a formação de monitores. No planejamento tático, tanto estas como as atividades administrativas podem ser mais detalhadas e específicas, de modo a definir objetivos e métodos de ação para cada área. No planejamento operacional, dá-se o detalhamento das atividades em termos de execução.

Uma opção para as ONGs, considerando o prazo de financiamento de suas atividades, é pensar em programas e projetos, cuja característica é manter a organização funcionando por tempo determinado, com recursos específicos alocados a cada um deles. Essa opção possibilita uma rápida adaptação às contingências do contexto, através da incorporação de novos programas e projetos ou de sua desativação.

Ao optarem por programas e projetos, as únicas atividades de caráter rotineiro e permanente nas ONGs passam a ser as administrativas e aquelas relativas à captação de recursos e ao intercâmbio entre instituições.

A classificação dos trabalhos das ONGs em programas, projetos e atividades é uma escolha que permite alocar recursos e acompanhar os resultados de cada projeto ou atividade, bem como o desempenho do responsável por sua execução.

COMO FAZER?

Tendo em vista os objetivos, as estratégias e os recursos disponíveis, o dirigente da ONG procura identificar todos os trabalhos necessários ao funcionamento da organização.

Em seguida, tenta agrupá-los, identificando projetos (para trabalhos com tempo determinado para começar e terminar) e atividades (para trabalhos rotineiros).

Os projetos podem ser agrupados segundo sua finalidade, área de atuação, beneficiário, tecnologia etc.

Tomando-se por base os objetivos e as estratégias da ONG *Cooperando*, poderiam ser identificados os seguintes programas e projetos:

Objetivos	Programas	Projetos
❑ Promover a educação cooperativa junto aos trabalhadores rurais	❑ Programa de educação	❑ Projeto de educação cooperativa do Norte fluminense
		❑ Projeto de educação cooperativa do Centro--Oeste fluminense
❑ Preparar trabalhadores para atuarem como monitores/multiplicadores	❑ Programa de educação	❑ Projeto monitoria/ multiplicadores do Norte fluminense
		❑ Projeto monitoria/ multiplicadores do Centro-Oeste fluminense
❑ Treinar os monitores		❑ Projeto monitoria/ multiplicadores do Norte fluminense

Continua

Objetivos	Programas	Projetos
❑ Prestar assistência jurídica e consultoria gerencial à criação de cooperativas	❑ Programa de assistência jurídica e consultoria técnica	❑ Projeto de assistência jurídica
		❑ Projeto de consultoria gerencial
❑ Acompanhar o gerenciamento das cooperativas criadas		❑ Projeto de consultoria gerencial
❑ Estabelecer intercâmbio com outras cooperativas		❑ Projeto de intercâmbio

Como se pode observar no exemplo da ONG *Cooperando*, sua finalidade será alcançada por meio de dois programas: 1. educacional e 2. assistência jurídica e consultoria técnica. Os critérios para a elaboração desses dois programas foram a natureza e o método de trabalho. Já na constituição dos projetos utilizaram-se os critérios beneficiário — cooperados e multiplicadores — e geográfico — Norte fluminense e Centro-Oeste fluminense.

Note-se também que há um objetivo para o qual só foi identificado um projeto. Isso significa que o volume de trabalho não justifica sua transformação em programa.

Cada programa e cada projeto, dependendo do volume de recursos financeiros envolvido e das exigências do agente financiador, podem ainda ser descritos pelos seguintes itens:

Objetivo	o que fazer
Justificativas	por que fazer
Estratégias ou método de trabalho	como fazer
Atividades	etapas do trabalho a serem executadas
Cronograma	relação atividades/tempo
Orçamento	receitas e despesas

Para fins gerenciais deve-se ainda indicar:

> ❑ Responsável
> ❑ Equipe de trabalho
> ❑ Outros recursos necessários
> ❑ Indicadores e instrumentos de acompanhamento

A partir dessas análises, elabora-se um documento denominado *Plano Estratégico* ou *Plano de Ação* para um período determinado de tempo. Do plano constam a missão, os objetivos, as estratégias, as oportunidades, as ameaças, os pontos fortes e os pontos fracos. O plano pode ainda ser acompanhado de cronograma e orçamento.

Cronograma

O objetivo do cronograma é relacionar as atividades a serem executadas e o tempo previsto para sua realização. Em termos gerenciais, isso permite que se faça um esforço no sentido de: a) identificar as atividades e o tempo necessário para sua execução; b) estimar o tempo em face dos recursos disponíveis; c) analisar a possibilidade de superpor atividades, executando-as em paralelo; e d) verificar a dependência entre as atividades.

O cronograma pode ser apresentado em diferentes níveis de detalhamento, conforme as necessidades de quem o formulou. Por exemplo: o plano pode conter um cronograma mostrando os programas a serem executados nos próximos três ou cinco anos e dando conta do planejamento estratégico e tático da organização. No exemplo, a finalidade do cronograma é dar uma ideia global dos trabalhos da ONG a longo prazo.

Já para fins de gerenciamento, cada projeto deve apresentar um cronograma detalhando as tarefas mês a mês, a fim de que se possa acompanhar sua execução, verificar dificuldades, corrigir distorções e cobrar o desempenho dos responsáveis. A seguir, descrevemos o preenchimento de um cronograma.

Tarefas	Responsável	Duração total	Duração: de .... a						
			1	2	3	4	5	6	7

> **COMO FAZER?**
>
> As etapas para a construção do cronograma são:
> 1. Identificação e relação das atividades a serem executadas.
> 2. Estimativa do tempo de execução em dias, semanas, meses ou anos.
> 3. Análise da sequência das atividades, identificando as que podem ser realizadas em paralelo e suas interdependências. À medida que se tomam decisões a respeito, colore-se os quadrinhos à direita.
> 4. Análise visando a melhorar a alocação de recursos e das pessoas no projeto.
>
> Ao observar em conjunto os cronogramas dos diferentes projetos, o dirigente pode coordenar esforços, seja realocando pessoas e recursos, seja adiando ou antecipando a realização de atividades. Isso só é possível se a ONG estabelecer a mesma medida de mensuração de tempo para todos os projetos.

Para fins de gerenciamento, o cronograma pode ainda conter informações sobre o responsável pelo programa, projeto ou atividade.

O cronograma normalmente é elaborado pela equipe de trabalho que, com base na experiência, dá indicações sobre as atividades a serem realizadas, o tempo requerido para cada uma delas e sua sequência.

Voltando ao exemplo de nossa ONG *Cooperando*, uma primeira alternativa de cronograma é o global, que constitui um item do plano, conforme exemplificado a seguir.

Cronograma de trabalho da ONG *Cooperando*

Programas/Projetos	Duração total (em semestres)	Semestres							
		1	2	3	4	5	6	7	8
Programa educacional									
Projeto de educação cooperativa do Norte fluminense	4		■	■	■	■			
Projeto de educação cooperativa do Centro-Oeste fluminense	4					■	■	■	■
Projeto de educação de multiplicadores do Norte fluminense	2		■	■					
Projeto de treinamento de multiplicadores do Norte fluminense	2				■	■			
Projeto de educação de multiplicadores do Centro-Oeste fluminense	2						■	■	
Programa de assistência jurídica e consultoria gerencial									
Projeto de assistência jurídica	4				■	■	■	■	
Projeto de assistência gerencial	4				■	■	■	■	
Projeto de intercâmbio	4					■	■	■	■

Este cronograma global representa a síntese dos cronogramas que foram inicialmente detalhados por projeto e depois por programa. Vejamos o exemplo do cronograma do projeto de educação cooperativa do Norte fluminense.

Projeto Educação Cooperativa do Norte Fluminense
Cronograma de Trabalho

Responsável: Saulo do Amaral   Apoio: Fabiana Soares

Atividades	Duração total (em meses)	Meses											
		1	2	3	4	5	6	7	8	9	10	11	12
Identificar entidades de classes locais ou associações	2	■	■										

Continua

Atividades	Duração total (em meses)	Meses											
		1	2	3	4	5	6	7	8	9	10	11	12
Contatar líderes e responsáveis	2		■	■									
Preparar material de divulgação	2		■	■									
Preparar reuniões (convocação, local)	3			■	■								
Realizar reuniões de divulgação	3				■	■	■						
Registrar participantes	3				■	■	■						
Avaliar reuniões	3				■	■	■						
Preparar reuniões de adesão	3							■	■				
Realizar reuniões de adesão	3								■	■	■		
Avaliar reuniões	4									■	■	■	
Elaborar relatório do projeto	2											■	■

Orçamento

O orçamento expressa o plano, os programas, os projetos e as atividades da organização em termos numéricos, demonstrando receitas e despesas em um período de tempo.[8]

Como o cronograma, o orçamento constitui instrumento de planejamento e de controle. Com ele, é possível não só fazer previsões e estabelecer padrões, como também avaliar resultados, comparando-se o previsto com o realizado.

Acompanhar e avaliar o desempenho a partir do orçamento apresenta a vantagem de permitir a utilização de uma unidade uniforme de mensuração, a

---

[8] Megginson, Mosley e Pietri, 1986:428-438.

monetária, o que possibilita a realização de comparações entre dados de um ano e outro ou entre dados de projetos diferentes. Por exemplo: podem-se comparar as receitas do ano com as do ano anterior, o gasto com pessoal do projeto x em relação ao projeto y.

Como se viu, o orçamento apresenta dados numéricos de receita, isto é, a origem do dinheiro que entra na organização, e de despesas, isto é, como é gasto o dinheiro da organização. Há muitas maneiras de classificar receitas e despesas, dependendo do que o gerente pretende controlar.

A maneira mais comum de classificar receitas e despesas toma por base os registros contábeis. Nas ONGs, segundo esses registros, podemos identificar as seguintes receitas: doações, receitas operacionais e receitas patrimonais. As primeiras referem-se aos recursos provenientes das entidades que financiam as atividades da organização a fundo perdido. As segundas são fruto das atividades da organização e as últimas são originárias de aplicações financeiras, aluguel de imóveis etc.

As despesas são reunidas em categorias tais como pessoal, encargos sociais, material, equipamentos. Seu detalhamento pode ser maior ou menor, segundo as exigências das agências financiadoras.

Apesar desse tipo de orçamento ser o mais utilizado, não é o melhor para fins de gerenciamento, pois não dá uma ideia clara de onde os recursos estão sendo aplicados. Para visualizar melhor como os recursos estão sendo empregados, podemos classificar receitas e despesas por produtos ou unidades.

O orçamento *por produto* privilegia a classificação das receitas e das despesas segundo os resultados da organização; por exemplo, programa de educação para a mulher, programa de educação sindical, programa de apoio ao pequeno produtor.

Já o orçamento *por unidade* visa a identificar onde a organização está alocando seus recursos. Por exemplo, departamento de pesquisa, departamento de educação popular ou departamento de administração.

A partir do orçamento por produto ou por unidade os gerentes podem analisar e avaliar onde estão concentrando seus recursos e também decidir pela manutenção, reativação ou desativação de determinado projeto ou atividade.

Tomando por base a ONG *Cooperando*, apresentamos, a seguir, exemplos de orçamentos por recurso e por produto:

ONG Cooperando
Exemplo de orçamento por tipo de recurso

DESPESAS	Valor (R$)
1. PESSOAL 1.1 Pessoal técnico 1.2 Pessoal administrativo	
2. ENCARGOS SOCIAIS 2.1 Pessoal técnico 2.2 Pessoal administrativo	
3. MATERIAL DE CONSUMO 3.1 Escritório 3.2 Manutenção predial	
4. MATERIAL DIDÁTICO E DE DIVULGAÇÃO	
5. INVESTIMENTO EM INFRAESTRUTURA	
TOTAL	

RECEITAS	Valor (R$)
1. DOAÇÕES 1.1 Entidade x 1.2 Entidade y	
2. RECURSOS PRÓPRIOS/CONVENIADOS	
TOTAL	

ONG Cooperando
Exemplo de orçamento por produto

DESPESAS	Valor (R$)
A. Programa de Educação Cooperativa	
1. PESSOAL	
1.1 Pessoal técnico	
1.2 Pessoal administrativo	
2. ENCARGOS SOCIAIS	
2.1 Pessoal técnico	
2.2 Pessoal administrativo	
3. MATERIAL DIDÁTICO E DE DIVULGAÇÃO	

Continua

FUNÇÃO PLANEJAMENTO

DESPESAS	Valor (R$)
B. Programa de Assistência Jurídica e Gerencial	
1. PESSOAL	
1.1 Pessoal técnico	
1.2 Pessoal administrativo	
2. ENCARGOS SOCIAIS	
2.1 Pessoal técnico	
2.2 Pessoal administrativo	
3. MATERIAL DIDÁTICO E DE DIVULGAÇÃO	
N. Atividades de Infraestrutura e Apoio	
1. MATERIAL DE CONSUMO	
1.1 Escritório	
1.2 Manutenção predial	
2. INVESTIMENTO EM INFRAESTRUTURA	
TOTAL	
RECEITAS	**Valor (R$)**
A. Programa de Educação Cooperativa	
1. DOAÇÕES	
1.1 Entidade x	
1.2 Entidade y	
2. RECURSOS PRÓPRIOS/CONVENIADOS	
B. Programa de Assistência Jurídica e Gerencial	
1. DOAÇÕES	
1.1 Entidade x	
1.2 Entidade y	
2. RECURSOS PRÓPRIOS/CONVENIADOS	
N. Atividades de Infraestrutura e Apoio	
1. DOAÇÕES	
1.1 Entidade x	
1.2 Entidade y	
2. RECURSOS PRÓPRIOS/CONVENIADOS	
TOTAL	

Considerações sobre a função planejamento

Como foi constatado na sondagem realizada junto às ONGs, essas organizações estão sujeitas a um alto grau de incerteza no que se refere ao financiamento de suas atividades, o que as obriga a redimensioná-las com frequência. Por outro lado, em sua prática gerencial, já está incorporada a análise contínua, principalmente do macroambiente organizacional, com a participação de seus dirigentes e técnicos, bem como de consultores externos.

O objetivo deste capítulo foi apresentar conceitos e instrumentos de planejamento que possam ajudar na sistematização de informações acerca do ambiente organizacional, chamando a atenção para a necessidade de realizar análises mais sistematizadas.

Finalmente, o planejamento deve ser visto como um processo de aprendizagem a respeito da organização, processo que exige capacidade de fazer julgamentos por vezes subjetivos. Por meio desse processo procura-se antecipar mudanças futuras, tirando vantagem das oportunidades que vão surgindo; indicar com clareza um caminho futuro suficientemente flexível para ser alterado de acordo com novas condições ambientais, e corrigir cursos de ação a longo prazo.[9]

Anexo 1

A seguir, a título de exemplo, relacionamos aspectos da sociedade que costumam ter influência sobre as organizações. É bom lembrar que essa relação é apenas ilustrativa, pois a escolha de um aspecto em detrimento de outro dependerá da missão da ONG, de sua área de atuação, da percepção do grupo e de sua experiência acumulada. Nada impede que de tempos em tempos essa relação seja revista.

Para cada aspecto, procuramos definir, exemplificar e identificar indicadores que possibilitem sua análise.

---

[5] Motta, 1991:78-109.

Quadro de aspectos do contexto

CONTEXTO TECNOLÓGICO	Definição	Estado da arte em determinada área do conhecimento, isto é, a soma total de conhecimentos acumulados e em desenvolvimento que informam como fazer para alcançar objetivos.
	Exemplos	Métodos de educação e de pesquisa, novos equipamentos, entidades de pesquisa que produzem tecnologia, avanços tecnológicos.
	Indicadores	Capacidade de adquirir e desenvolver tecnologia, ritmo das mudanças no campo de atuação da organização, orçamento destinado a pesquisa e desenvolvimento, capacidade de absorver e repassar tecnologia.
CONTEXTO POLÍTICO	Definição	Ações implementadas pelo governo no âmbito federal, estadual ou municipal, isto é, as políticas de governo para os setores A, B etc.
	Exemplos	Qual a correlação de forças no Legislativo? Qual o plano de desenvolvimento do governo?
	Indicadores	Formação dos partidos políticos, atuação dos sindicatos, papel dos três poderes, ações e pressões de outros grupos da sociedade.
CONTEXTO ECONÔMICO	Definição	Nível de atividade econômica do país, a estrutura de produção vigente, distribuição de renda.
	Exemplos	Qual o nível de atividade econômica por região? Qual a tendência da inflação e quais as medidas tomadas? Quais os resultados do balanço de pagamentos? Qual a distribuição de renda na região X, Y etc.
	Indicadores	Crescimento do PIB, balança comercial, reservas de mercado, taxa de inflação, arrecadação tributária, taxa de emprego, tetos salariais.

Continua

CONTEXTO LEGAL	Definição	Conjunto de leis e atos normativos que regulam, controlam, incentivam ou restringem as ações de um projeto.
	Exemplos	Leis trabalhistas, tributos pagos pelas empresas, incentivos fiscais.
	Indicadores	Legislação tributária, comercial e trabalhista.
CONTEXTO SOCIOCULTURAL	Definição	Demandas, pressões e influências do meio social e cultural para aceitação ou não das ações a serem empreendidas por uma organização.
	Exemplos	Novos estilos de vida, tradições locais, estrutura do orçamento familiar, valores espirituais, infraestrutura de educação, saúde, lazer etc.
	Indicadores	Manifestações religiosas e culturais, nível de educação da comunidade, principais atividades de lazer.
CONTEXTO DEMOGRÁFICO	Definição	Características da população, seu crescimento, distribuição geográfica, por sexo, por idade etc.
	Exemplos	Índice de alfabetização, população economicamente ativa.
	Indicadores	Densidade populacional; mobilidade; taxas de natalidade, mortalidade e morbidade; renda familiar etc.
CONTEXTO ECOLÓGICO	Definição	Condições físicas e geográficas do lugar onde será desenvolvido o projeto.
	Exemplos	Quais os usos da água? Que recursos naturais precisam ser preservados? Qual a principal atividade econômica da região e suas consequências para o meio ambiente?
	Indicadores	Diferentes índices de poluição, medidas tomadas para a preservação do meio ambiente.

CAPÍTULO 4

Função organização

Concluída a etapa de planejamento, na qual se definiram os objetivos da organização, é hora de organizar o trabalho que precisa ser feito, distribuindo-o entre os membros da organização, estabelecendo responsabilidades e atribuições. Neste capítulo abordaremos algumas maneiras de se efetuar a divisão do trabalho. Dá-se o nome de *organização* à função que compreende a definição de recursos e a criação de grupos de trabalho voltados para a realização das atividades organizacionais.

Antes de prosseguirmos, no entanto, é necessário esclarecer os dois sentidos do termo *organização*. Numa primeira acepção, pode ser entendido como o agrupamento de pessoas, recursos, tecnologia e informação, visando à produção de bens e/ou à prestação de serviços. Neste sentido, o termo refere-se a empresas, órgãos de governo, organizações não governamentais, associações de moradores, cooperativas etc. Em seu outro significado, refere-se à uma das funções gerenciais básicas, a função organização. Neste capítulo trataremos especificamente da organização enquanto função gerencial.

Para melhor compreendermos o sentido da função organização, temos um exemplo simples. Suponhamos que para a realização de uma festa de confraternização entre moradores de um prédio, um ou mais moradores assumam um papel de liderança e pensem em dividir as responsabilidades, definindo quem cuidará do som, da decoração, dos alimentos e das bebidas. Sem essa divisão de responsabilidades, poderíamos

> **O QUE É ORGANIZAÇÃO?**
>
> É a *função gerencial* que compreende a capacidade ou a ação de agrupar pessoas e recursos, definindo atribuições, responsabilidades e relações entre indivíduos e grupos, de modo a possibilitar o atingimento dos objetivos da organização.

nos deparar, por exemplo, com uma festa com mais salgados do que doces, sem refrigerantes, com dois conjuntos de som em vez de apenas um e sem decoração. A divisão de responsabilidades compreendida pela função organização procura justamente garantir que seja realizado todo o trabalho necessário ao alcance de um objetivo.

Nas organizações, a função organização também se faz presente e tem como principais objetivos:

- definir quem toma as decisões e sobre quais assuntos;
- estabelecer quem deve realizar quais atividades;
- apontar quem deve acompanhar e controlar cada atividade;
- indicar as relações entre os seus diferentes membros.

A divisão do trabalho numa organização pode ser explicitada através de vários instrumentos. Entre os mais utilizados destacam-se os estatutos, os organogramas, os regimentos internos, os manuais de procedimentos ou as rotinas e a descrição de cargos. A seguir, detalharemos cada um desses instrumentos.

Estatuto

Estatuto é o documento legal no qual se estabelece a missão da organização. Identifica seus dirigentes, suas competências e forma de eleição, os mecanismos de tomada de decisão e a quem cabe essa atribuição.

As ONGs, por serem sociedades civis sem fins lucrativos, normalmente se organizam nos seguintes órgãos: Assembleia Geral e Diretoria Executiva.

São membros da *Assembleia Geral*, com direito a votar e a serem votados, os sócios fundadores e os efetivos. Também participam dela, mas sem direito a voto, os sócios colaboradores, correspondentes, honorários e/ou contribuintes, de acordo com o estabelecido no Estatuto de cada ONG.

As principais atribuições da Assembleia Geral são:

- examinar e aprovar o relatório, o balanço e as contas apresentadas pela diretoria;
- referendar a admissão de novos sócios efetivos ou colaboradores;
- eleger a diretoria;
- autorizar a compra, a alienação ou a instituição de ônus sobre os bens da sociedade;

- estabelecer o montante da anuidade a ser pago pelos sócios, quando for o caso;
- deliberar sobre o programa e o orçamento da entidade.

A *Diretoria Executiva*, também denominada Diretoria, Comissão Executiva ou Secretaria Geral, é composta pelos sócios fundadores ou efetivos, eleitos pela Assembleia Geral. Cada ONG tem um número variado de membros, sendo as funções mais comuns as de presidente, vice-presidente e tesoureiro. Se, em vez de uma diretoria, a ONG constituir uma comissão executiva, a nomenclatura para as mesmas funções passa a ser, respectivamente, secretário-geral, secretário adjunto e tesoureiro. O mandato dos membros da Diretoria pode variar de dois a três anos, sendo renovável ou não, de acordo com cada Estatuto.

As principais atribuições da Diretoria são:

- definir a programação e o orçamento anuais;
- examinar e admitir sócios, que deverão ser referendados pela Assembleia;
- nomear e demitir os dirigentes da ONG.

Cabe ao presidente:

- representar a associação, ativa e passivamente, em juízo ou fora dele;
- convocar e dirigir as assembleias gerais;
- movimentar, com outros membros da Diretoria, as contas da associação.

Cabe ao vice-presidente:

- substituir o presidente em seus impedimentos, secretariá-lo e assessorá-lo.

Cabe ao tesoureiro:

- manter sob sua responsabilidade o erário social;
- supervisionar todas as atividades de tesouraria e serviços contábeis e atuariais.

Em algumas ONGs pesquisadas encontram-se ainda os seguintes órgãos:

- Conselho Curador: funciona como uma Assembleia Geral, sendo porém constituído somente de sócios fundadores, substituídos, em caso de vacância, por um sócio efetivo;

- Conselho Fiscal: sua principal atribuição é controlar e aprovar as contas da associação;
- Conselho Consultivo: órgão que presta assessoria à Diretoria sobre as orientações políticas e programáticas definidas pela Assembleia;
- Junta Executiva: órgão colegiado composto do diretor executivo e dos chefes de departamento, cujas principais atribuições são:
  - elaborar o plano anual de trabalho da associação;
  - estudar e rever periodicamente a execução do plano de trabalho;
  - aceitar trabalhos que não comprometam a execução do plano anual;
  - aprovar detalhes de programas;
  - homologar a indicação de técnicos;
  - autorizar despesas extraordinárias até um limite preestabelecido;
  - dar consentimento, por escrito, ao presidente para levantar empréstimos e contrair dívidas.

Organograma

O organograma representa graficamente a divisão do trabalho na organização, tanto no sentido horizontal, definindo áreas de atuação, quanto no sentido vertical, estabelecendo níveis hierárquicos ou de decisão.

Por meio do organograma visualizamos as relações de autoridade e de comunicação entre unidades e entre grupos de trabalho. Devemos considerar, no entanto, que o organograma mostra a instituição num determinado momento e que, no dia a dia, as relações nele representadas podem sofrer modificações, razão pela qual deve ser revisto periodicamente.

Nem todas as organizações se preocupam em ter seu organograma formalmente desenhado. Nesse caso enquadram-se sobretudo organizações de dimensões reduzidas e de estrutura simplificada. Contudo, seria desejável que, independentemente do tamanho, todas as organizações procurassem traçar o seu organograma, pois sua análise contribui para a identificação de distorções e de conflitos relativos à divisão do trabalho e à tomada de decisões.

Um organograma genérico das unidades já descritas teria a seguinte representação:

Organograma da ONG *Educando*

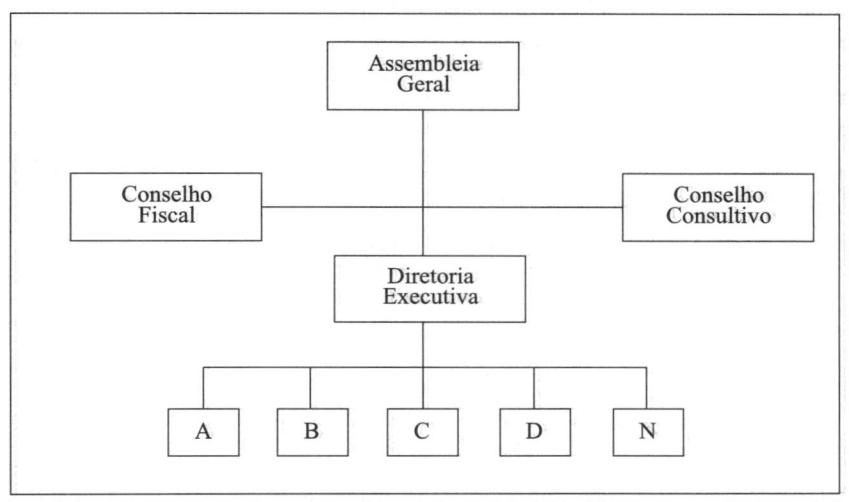

```
                    ┌─────────────┐
                    │  Assembleia │
                    │    Geral    │
                    └──────┬──────┘
                           │
        ┌──────────────────┼──────────────────┐
   ┌────┴────┐                          ┌─────┴─────┐
   │ Conselho│                          │ Conselho  │
   │  Fiscal │                          │ Consultivo│
   └─────────┘                          └───────────┘
                           │
                    ┌──────┴──────┐
                    │  Diretoria  │
                    │  Executiva  │
                    └──────┬──────┘
                           │
         ┌────┬────┬───────┼───────┬────┐
       ┌─┴─┐┌─┴─┐┌─┴─┐           ┌─┴─┐┌─┴─┐
       │ A ││ B ││ C │    ...    │ D ││ N │
       └───┘└───┘└───┘           └───┘└───┘
```

Obs.: 1. Este três níveis hierárquicos correspondem aos três níveis decisórios identificados na p. 24. 2. No nível correspondente ao operacional, a divisão de trabalho pode se dar por meio de unidades técnicas ou administrativas, bem como sob a forma de projetos. Dependendo do tamanho da ONG, neste nível poderão ocorrer unidades operacionais (técnicas/administrativas) combinadas com projetos. Neste caso, a estrutura organizacional é denominada matricial (ver p. 66).

Pelo organograma, pode-se concluir que:

- a Diretoria Executiva está subordinada à Assembleia Geral, que detém o maior poder de decisão dentro da organização;
- os dois conselhos não têm poder decisório, apenas de assessoramento ou de fiscalização. Portanto, as decisões na organização são tomadas pela Assembleia e pela Diretoria;
- abaixo da Diretoria Executiva, quando for o caso, se encontram as diferentes unidades operacionais.

O Estatuto deve expressar claramente quais as competências de cada unidade, informando quem decide e quem assessora.

Uma constatação feita a partir da pesquisa é que nem sempre as ONGs representam ou descrevem a divisão de trabalho dos níveis situados abaixo da Diretoria. Estruturadas ou não, as atividades executadas nesses níveis são encabeçadas por um secretário executivo, um coordenador-geral, um secretário-geral ou um diretor.

Essa função, que para fins de descrição denominaremos Coordenadoria Geral, é ocupada por um membro da organização. Em geral, esse membro é indicado pela Diretoria, nomeado pelo presidente, referendado ou não pela Assembleia Geral e contratado para exercer a função por dois ou três anos. As principais atribuições do coordenador-geral são:

- elaborar e executar a programação orçamentária e o planejamento do trabalho para consecução dos objetivos da ONG;
- administrar a ONG, definindo seu quadro de pessoal e atribuições, contratando serviços de terceiros;
- movimentar os recursos financeiros visando à captação, à alocação e à prestação de contas;
- presidir unidades colegiadas e reuniões com a equipe de trabalho;
- prestar contas da administração e apresentar planos de trabalho à Diretoria.

Na linha hierárquica, abaixo do coordenador-geral estão os coordenadores de área ou chefes de departamento, cujas atribuições, em geral, são:

- estudar e elaborar projetos;
- administrar a consecução dos projetos, estabelecendo métodos, executando e coordenando as tarefas;
- garantir e alocar os recursos necessários ao projeto;
- acompanhar e avaliar o desenvolvimento do mesmo.

Pelo exemplo do organograma da ONG *Educando*, observamos que a organização apresenta três níveis hierárquicos, ocupados, respectivamente, pela Assembleia Geral, pela Diretoria Executiva, pela Coordenação Geral e pelas coordenações. A divisão vertical do trabalho serve para mostrar os diferentes níveis de decisão e de poder. As coordenações A, B e C localizam-se no mesmo nível hierárquico e representam a divisão horizontal do trabalho, tendo, portanto, o mesmo grau de poder, cada uma em sua área específica. Como exemplo, poderíamos pensar em três coordenações, a primeira responsável pelos projetos educacionais, a segunda pelos projetos de consultoria e a terceira pela parte administrativo-financeira da organização, devendo o trabalho desenvolvido por cada coordenação resultar no alcance dos objetivos da organização como um todo.

Com a inclusão das unidades citadas, o organograma expandido ficaria assim:

Organograma da ONG *Educando*

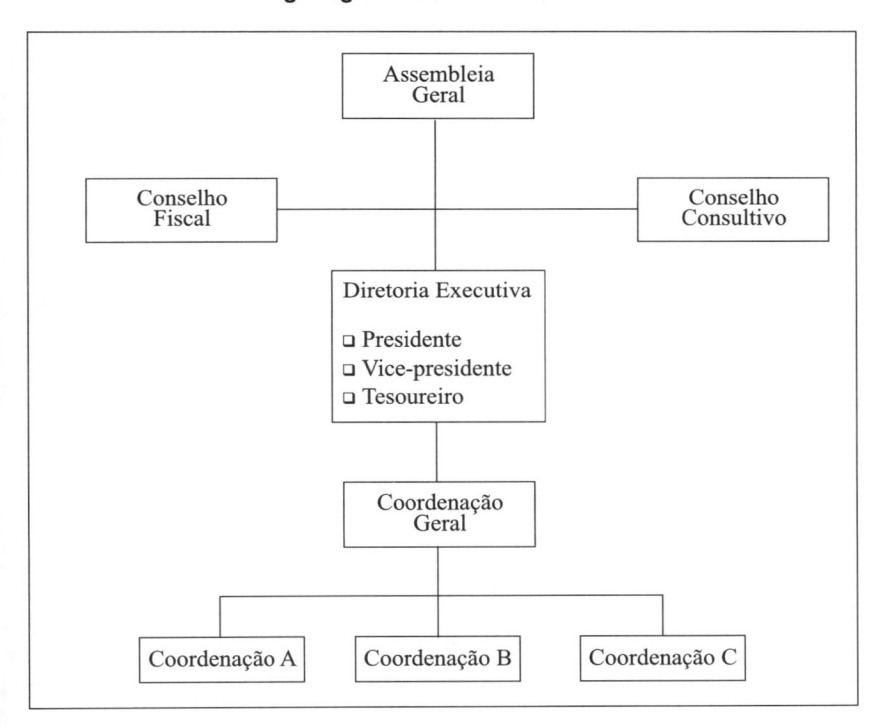

```
                    ┌──────────┐
                    │ Assembleia│
                    │   Geral   │
                    └──────────┘
    ┌──────────┐                    ┌──────────┐
    │ Conselho │────────┬───────────│ Conselho │
    │  Fiscal  │        │           │Consultivo│
    └──────────┘        │           └──────────┘
                ┌───────────────┐
                │Diretoria Executiva│
                │ ▫ Presidente  │
                │ ▫ Vice-presidente│
                │ ▫ Tesoureiro  │
                └───────────────┘
                        │
                ┌──────────────┐
                │ Coordenação  │
                │    Geral     │
                └──────────────┘
         ┌──────────────┼──────────────┐
    ┌─────────┐    ┌─────────┐    ┌─────────┐
    │Coord. A │    │Coord. B │    │Coord. C │
    └─────────┘    └─────────┘    └─────────┘
```

Na busca de seus objetivos, cada organização procura encontrar a melhor forma de dividir o trabalho a ser realizado, agrupando atividades e pessoas, que passam a constituir unidades. Nesse processo, denominado *departamentalização*, podem ser empregados diferentes critérios.

Divisão horizontal: critérios de departamentalização

Não há como garantir que a escolha de determinado critério de departamentalização conduza a organização à máxima eficiência, eficácia e efetividade. Mas pode-se, com base na experiência acumulada, identificar fatores que estimulam a adoção de um ou outro critério de departamentalização, considerando a missão, os objetivos, a diversificação de atividades, a dispersão geográfica e a forma de trabalho da organização. Tendo em vista que a ação de uma ONG, dependendo dos objetivos que motivaram sua criação, tanto pode se orientar para determinados segmentos sociais, quanto se concentrar no atendimento a uma localidade específica, suas atividades podem ser agrupadas por função, segmento social, localidade ou projeto. A seguir explicitaremos diferentes critérios de departamentalização, suas vantagens e desvantagens.

Departamentalização por função

Na *departamentalização por função* são agrupadas, numa mesma unidade, atividades que possuem afinidade de própositos ou objetivos. Reúnem-se atividades similares, identificadas de acordo com alguma classificação funcional, como por exemplo: pesquisa, educação popular, estatística, recursos humanos, finanças, religião e cidadania, produção de vídeos, editoração e vendas etc.

A departamentalização por função, pelo fato de basear-se em áreas especializadas, oferece a vantagem de possibilitar que se tire proveito dos conhecimentos específicos que cada funcionário detém em seu respectivo campo do saber. Por outro lado, pode trazer desvantagens, como o distanciamento e mesmo a concorrência entre as unidades, prejudicando a integração das partes, o que pode ocasionar o estabelecimento da supremacia de uma sobre a outra.

O organograma, segundo uma estrutura funcional, teria a seguinte configuração:

Organograma da estrutura funcional

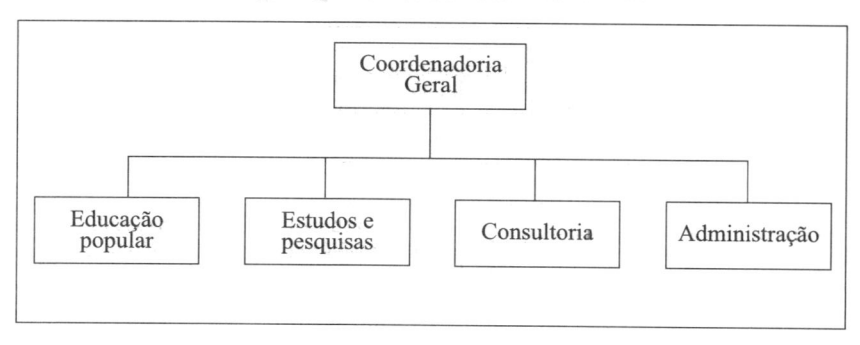

```
                    ┌──────────────┐
                    │ Coordenadoria│
                    │    Geral     │
                    └──────┬───────┘
        ┌────────────┬─────┴──────┬────────────┐
   ┌─────────┐  ┌─────────┐  ┌──────────┐  ┌──────────────┐
   │Educação │  │Estudos e│  │Consultoria│  │Administração│
   │ popular │  │pesquisas│  │          │  │              │
   └─────────┘  └─────────┘  └──────────┘  └──────────────┘
```

Retomando o exemplo da ONG *Cooperando*, apresentada no capítulo anterior, se utilizarmos o critério da departamentalização funcional, seu organograma terá a seguinte configuração:

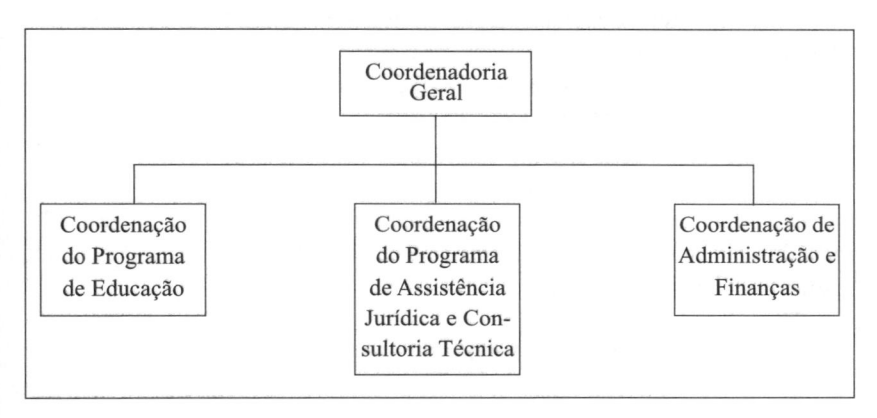

```
                    ┌──────────────┐
                    │ Coordenadoria│
                    │     Geral    │
                    └──────┬───────┘
          ┌────────────────┼────────────────┐
┌─────────┴──────┐ ┌───────┴────────┐ ┌─────┴────────────┐
│  Coordenação   │ │  Coordenação   │ │  Coordenação de  │
│  do Programa   │ │  do Programa   │ │  Administração e │
│  de Educação   │ │  de Assistência│ │     Finanças     │
│                │ │  Jurídica e Con│ │                  │
│                │ │  sultoria Técni│ │                  │
└────────────────┘ └────────────────┘ └──────────────────┘
```

Esta divisão do trabalho agrupa atividades e pessoas utilizando como critério a natureza diferenciada do trabalho a ser realizado em termos de objetivos, metodologia a ser adotada e especialização do conhecimento necessário a cada área. Não havendo mecanismos fortes de coordenação, como a realização de reuniões periódicas e a tomada de decisões em conjunto pelas três áreas e o coordenador-geral, pode ocorrer o isolamento das partes e até mesmo a disputa entre elas por mais recursos. Esta estrutura é vantajosa sob o ponto de vista da especialização, mas prejudicial à integração das atividades.

Se o trabalho de assistência jurídica e consultoria técnica for terceirizado, isto é, realizado por pessoas de fora, não cabe constituir uma unidade, pois haveria a necessidade de nomear um responsável para cuidar dos contatos e acompanhar o trabalho dos consultores. Nesse caso, o próprio coordenador do programa de educação poderia assumir essa responsabilidade.

Departamentalização por segmento social e por localidade

Outro critério adotado para a departamentalização é associar atividades segundo o segmento social[10] ao qual se destinam. Exemplos de segmentos sociais

---

[10] Na literatura sobre o assunto, esse critério é denominado departamentalização por cliente. Denominá-lo segmento social foi a forma utilizada para aproximar o critério da realidade das ONGs.

abrangidos pelo trabalho das ONGs são: moradores de favelas e periferia, trabalhadores rurais, mulheres, meninos de rua. A departamentalização pode também ser definida segundo o critério da localidade.[11] Neste caso, são reunidas todas as atividades destinadas a determinada área geográfica, como Baixada Fluminense e Zona Oeste.

A vantagem desses tipos de departamentalização é a possibilidade de canalizar serviços e adaptá-los às necessidades e às expectativas específicas de cada segmento social ou área geográfica. Além disso, esses tipos permitem uma alocação mais adequada dos recursos e das atividades administrativas. No entanto, podem acarretar a duplicação de atividades, caso haja, por exemplo, mais de uma unidade responsável pela administração ou pela pesquisa, o que resulta em ônus para a ONG.

Exemplo de organograma por segmento social

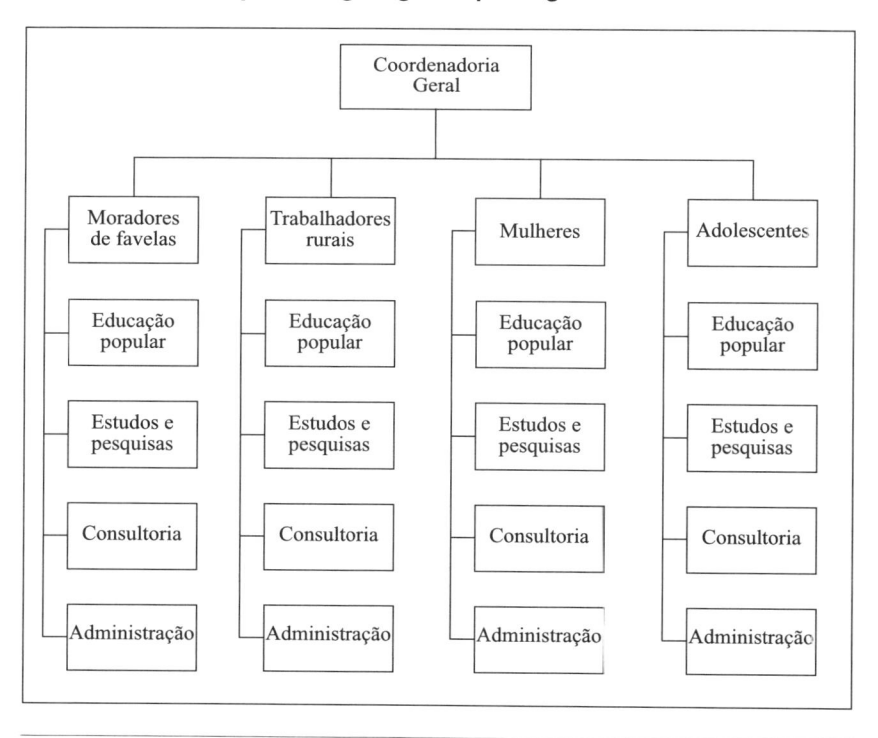

```
                        Coordenadoria
                            Geral
    ┌───────────────┬─────────────────┬────────────────┐
 Moradores      Trabalhadores      Mulheres        Adolescentes
 de favelas        rurais

 Educação        Educação         Educação         Educação
 popular         popular          popular          popular

 Estudos e       Estudos e        Estudos e        Estudos e
 pesquisas       pesquisas        pesquisas        pesquisas

 Consultoria     Consultoria      Consultoria      Consultoria

 Administração   Administração    Administração    Administração
```

---

[11] Critério denominado por área geográfica.

Exemplo de organograma por localidade

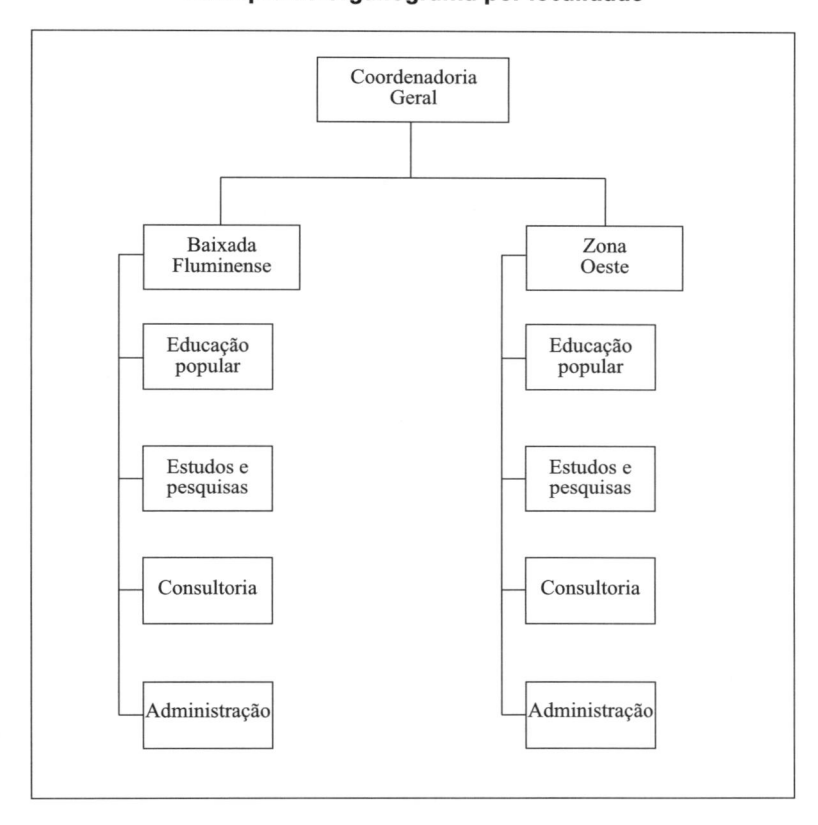

```
                    Coordenadoria
                        Geral
                          |
            ┌─────────────┴─────────────┐
         Baixada                      Zona
        Fluminense                    Oeste
            |                           |
         Educação                    Educação
         popular                     popular
            |                           |
         Estudos e                   Estudos e
         pesquisas                   pesquisas
            |                           |
         Consultoria                 Consultoria
            |                           |
         Administração               Administração
```

No exemplo da ONG *Cooperando*, se fosse utilizado o critério de departamentalização por segmento social, logo após a Coordenadoria Geral estariam localizadas a Coordenação do Programa de Educação Cooperativa e a Coordenação do Programa Monitoria/Multiplicadores. A análise dessa estrutura indicaria que a ONG *Cooperando* dá ênfase à divisão de trabalho por clientelas, porque acredita que estas têm características tão diferentes que devem ser atendidas por pessoas com um perfil profissional também diferenciado.

A estrutura por localidade significa dizer que, abaixo da Coordenadoria Geral, estariam a Coordenação do Centro-Oeste Fluminense e a Coordenação do Norte Fluminense. Nesse caso, a ONG *Cooperando* estaria se adequando à dispersão e à diferenciação geográficas.

Departamentalização por projetos

Por este critério, a ONG se estrutura para atender a projetos específicos. Cada projeto resulta em uma unidade, cuja existência é determinada pela duração de suas atividades. As atividades caracterizam-se por terem objetivo determinado, prazo de duração, orçamento e recursos próprios.

Segundo Araújo,[12] as vantagens da departamentalização por projetos são a facilidade em se analisar os resultados, a possibilidade de um melhor conhecimento das necessidades e expectativas de cada segmento social, a melhor adaptação dos serviços, a identificação mais clara de falhas e pontos fortes e a coordenação das atividades de suporte para que concorram para a prestação do serviço.

Todavia, tal como na departamentalização por segmento social ou por localidade, o maior inconveniente da adoção desse critério de departamentalização é a duplicação, em cada projeto, das atividades de suporte, o que, se por um lado garante o apoio necessário ao projeto, por outro aumenta os custos.

Estrutura matricial

A estrutura matricial conjuga a estrutura por projetos com a funcional. Normalmente, esse tipo de estrutura ocorre a partir da existência de uma estrutura funcional, isto é, de órgãos voltados para as atividades de suporte e que se adaptam às necessidades dos projetos.

Nesse tipo de estrutura, as unidades funcionais fornecem recursos humanos, materiais, financeiros, tecnológicos e/ou informacionais aos projetos, de acordo com o tempo previsto para a execução de suas atividades. Se, por um lado, essa estrutura concorre para a alocação mais eficiente dos recursos, por permitir especialização de funções e maior agilidade operacional, por outro, contribui para a existência de dupla subordinação, uma vez que os funcionários acabam tendo duas chefias — a de sua área funcional e a do projeto ao qual estão subordinados —, o que pode ocasionar distorções nos processos decisórios e operacionais.

---

[12] Araújo, 1985:152.

Exemplo de organograma segundo uma estrutura matricial

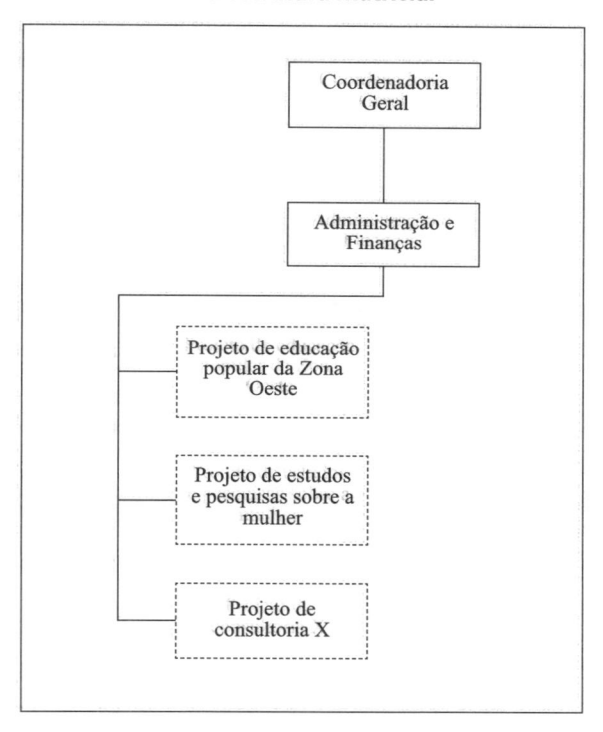

```
                    Coordenadoria
                        Geral
                          |
                   Administração e
                      Finanças
                          |
         ┌────────────────┼────────────────┐
         |                |                |
   Projeto de        Projeto de       Projeto de
   educação          estudos          consultoria X
   popular da Zona   e pesquisas
   Oeste             sobre a mulher
```

Esse tipo de estrutura pode assegurar a flexibilidade necessária para que as ONGs se estruturem de acordo com objetivos que se renovam e, simultaneamente, garantir um atendimento mais específico a cada segmento social.

Exemplos de estruturas encontradas nas ONGs

As estruturas descritas anteriormente tiveram por objetivo ilustrar a operacionalização dos critérios de departamentalização. Nas ONGs pesquisadas foram identificados três grupos de atividades: finalísticas, ou seja, responsáveis diretamente pela operacionalização dos serviços propostos à comunidade; administrativas, cujo objetivo é dar suporte à consecução das atividades finalísticas e atender aos requisitos formais para seu funcionamento e, por fim, as atividades relacionadas à captação de recursos e ao relacionamento interinstitucional.

Em sua maioria, as ONGs pesquisadas apresentam uma estrutura que mescla o critério por função com um dos demais critérios, o que as torna menos complexas e hierarquizadas do que os exemplos citados. Elas reúnem atividades por afinidade temática, constituindo coordenações, departamentos ou áreas, conforme exemplificaremos a seguir:

- coordenador de Movimento Popular, coordenador de Movimento Sindical, coordenador de Pastorais Populares;
- Departamento de Estatística, Departamento de Estudos e Pesquisas, Departamento de Apoio à Comunidade;
- coordenador de Religião e Cidadania, coordenador de Marginalidade e Autoestima, coordenador de Tradições e Etnias.

Encontrou-se, ainda, uma estrutura departamentalizada por segmento social, com coordenadores para: Educação de Mulheres, Moradores de Favelas e Periferia Urbana, e Trabalhadores Rurais.

Basicamente, as estruturas encontradas têm a seguinte conformação:

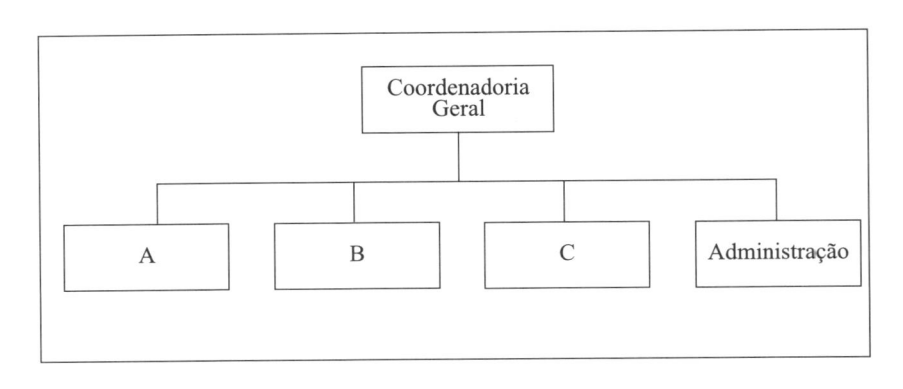

```
                    Coordenadoria
                        Geral
        ┌───────────┬───────┴───┬──────────────┐
        A           B           C          Administração
```

A, B e C referem-se às atividades finalísticas da ONG que podem estar congregadas segundo os critérios já mencionados. A atividade de administração, responsável pelo suporte às demais, não se duplica.

Cabe ressaltar que a atribuição de captação de recursos tem disposição diferenciada em cada ONG. Em algumas, essa responsabilidade cabe à Diretoria, enquanto em outras é assumida pelo coordenador-geral e pelos coordenadores de área. Há casos de ONGs que criaram um órgão específico com as funções de assessorar a elaboração de projetos, buscar as fontes financiadoras e avaliar os projetos.

Com base nas observações realizadas, o organograma que melhor se adaptaria a uma ONG pequena, com atuação localizada em alguns municípios, deveria ter as seguintes características:

- garantir a flexibilidade de ação, seja pelo porte da ONG, seja pela dispersão geográfica de sua atuação;
- privilegiar a integração das equipes de trabalho e a sistematização de suas práticas;
- considerar o caráter temporal das atividades da ONG, visto que dependem de financiamentos externos.

Por isso, a estrutura mais adequada seria a matricial, por aliar as atividades--fim às de apoio ou suporte.

Observações sobre a estrutura

Quanto à autoridade preponderante, os órgãos podem ser classificados em órgãos de linha ou *staff*. Os primeiros centralizam as decisões e são responsáveis pelo cumprimento dos objetivos da organização. Os segundos assumem as funções de assessorar e/ou normatizar, não possuindo poder de decisão.

Um meio de medir a eficiência organizacional é examinar a distribuição de recursos entre órgãos de linha e *staff*, bem como entre as atividades finalísticas e de suporte. Será mais eficiente a instituição que alocar a maior parte de seus recursos financeiros, humanos e materiais a órgãos de linha e a atividades finalísticas. A literatura a respeito de ONGs ressalta essas vantagens quando valoriza suas estruturas leves e ágeis.

Quanto à forma de tomar decisões, os órgãos podem constituir-se em colegiados ou não. O colegiado congrega os responsáveis pelos diferentes órgãos que, em conjunto, discutirão e deliberarão sobre determinados assuntos. Já nas unidades não colegiadas, a decisão recai sobre um único responsável. A prática do colegiado vem sendo cada vez mais utilizada pelas organizações, como forma de debater a tomada de decisão sob vários pontos de vista, compartilhar a decisão, comprometer as pessoas e coordenar esforços, em busca de uma gestão social.

Centralização e descentralização

Como já vimos, o tamanho da organização, sua dispersão geográfica e diversificação de atividades tornam necessária a divisão de responsabilidades entre seus membros. Isso significa ter que definir quem será responsável pelo que, quem toma as decisões acerca das atividades da organização.

Chamamos o processo de dividir responsabilidades, repassando-as aos subordinados, de delegação de autoridade. Ao delegar, o gerente pode concentrar suas energias em atividades consideradas prioritárias, além de ter melhores condições para buscar informações mais específicas que o auxiliem no processo de tomada de decisões. Para o subordinado, a delegação representa a possibilidade de crescimento e desenvolvimento profissional.[13]

Ao delegar, o gerente atribui objetivos e deveres ao subordinado, devendo criar as condições necessárias à realização dos mesmos. A aceitação da delegação, implícita ou explícita, cria uma obrigação ou responsabilidade. Quem delega torna o subordinado responsável pelos resultados.[14]

> **O QUE É CENTRALIZAÇÃO?**
>
> É a concentração de autoridade e poder de decisão no topo da hierarquia.

> **O QUE É DESCENTRALIZAÇÃO?**
>
> É a dispersão de autoridade na organização, permitindo que algumas decisões sejam tomadas por quem está mais próximo da execução.

Apesar de a delegação ser um processo inerente à função do gerente, a maioria dos gerentes tem dificuldades para proceder à divisão do trabalho. As razões dessas dificuldades, apontadas por Megginson, podem ser: o medo do gerente de perder poder ou de ter sua posição ameaçada, a dificuldade de enfrentar o risco de um subordinado tomar uma decisão errada, a crença de que o subordinado não tem capacidade para exercer a autoridade que lhe foi delegada e a resistência dos subordinados em ter maior responsabilidade pela tomada de decisão. Entretanto, apesar das dificuldades apontadas, o gerente que não delega

---

[13] Megginson, Mosley e Pietri, 1986.
[14] Ibid.

Função Organização

a tomada de algumas decisões e a execução de determinadas tarefas estará criando para si uma sobrecarga de trabalho desnecessária.

No que diz respeito à delegação de autoridade, outra questão que se coloca tem a ver com o grau de centralização e de descentralização das decisões em uma organização.

O grau de centralização e de descentralização indica o quanto estão concentrados ou dispersos a autoridade e o poder de decisão numa organização.

A centralização tem os seguintes pressupostos:

- só alguns indivíduos sabem decidir e tomar as melhores decisões;
- deve-se manter a unidade da organização, evitando que departamentos ou órgãos assumam características particulares que não permitam mais ao público vinculá-los à organização;
- deve-se exercer um controle rígido sobre cada unidade e subordinado, com relação tanto aos objetivos e aos resultados alcançados, quanto à forma de realizar o trabalho.

A descentralização, por sua vez, tem como pressupostos:

- todos os indivíduos podem decidir, desde que orientados e capacitados para tal;
- mais importante que a unidade de organização é o atendimento às demandas do público;
- o controle deve se dar com base nas estratégias e nos resultados alcançados.

Nenhuma organização é totalmente centralizada ou descentralizada, por isso o grau de centralização varia ao longo de uma escala, desde a centralização elevada até a descentralização elevada.

No que se refere ao binômio centralização/descentralização, a questão que se coloca para os dirigentes de uma organização é o grau de descentralização ideal a ser adotado. Este dependerá do tamanho da organização, de sua dispersão geográfica, da confiança depositada nas pessoas, do grau de comprometimento das pessoas com os objetivos da organização, da diversificação dos clientes e do estilo de liderança predominante na organização.

Apesar de a descentralização ser uma necessidade, há certo consenso entre teóricos e dirigentes de que as decisões estratégicas, isto é, aquelas que dizem respeito à própria existência da organização devem ser centralizadas, para garantir a unidade da organização.

Cabe ressaltar, no entanto, que o maior ou menor grau de centralização não tem relação direta com o grau de participação dos funcionários ou da comunidade. A participação depende da composição dos órgãos responsáveis pelas decisões. Para exemplificar, pensemos numa instituição em que os objetivos são definidos pela Diretoria Executiva, da qual participam funcionários e a comunidade. Nesse caso, há participação, apesar desta estar centralizada. Em outro extremo, se um técnico que está desenvolvendo um trabalho na comunidade decidir alterar o calendário de execução de um evento, estará tomando uma decisão descentralizada, porém a comunidade não terá participado da mesma.

Sendo assim, retomamos a questão inicial: que decisões devemos descentralizar e que decisões devem ser participativas?

Nas ONGs, constatamos um alto grau de participação dos membros da cúpula, dos sócios, do corpo técnico e dos coordenadores no que se refere às decisões estratégicas, havendo também descentralização no que tange às questões operacionais, sendo dada aos coordenadores a liberdade de tomar decisões na comunidade em que atuam. A unidade da organização é garantida pelo comprometimento e pela identificação desses técnicos e coordenadores com a missão da ONG. No entanto, não encontramos o mesmo grau de participação do pessoal administrativo ou mesmo dos beneficiários nas discussões estratégicas.

A seguir apresentaremos a *matriz de análise do grau de centralização*. Em primeiro lugar, essa matriz permite visualizar o conjunto de decisões a serem tomadas pelos membros da organização. Em segundo, facilita a identificação do conjunto de unidades ou dos profissionais que tomam as decisões no âmbito da organização. Por fim, alimenta a análise sobre a possibilidade de realizar maior delegação.

A matriz de análise do grau de centralização consta de duas variáveis básicas: decisões e decisores. *Decisões* são escolhas que devem ser tomadas ao longo da existência da organização, visando a sua manutenção ou transformação. *Decisores* são todas aquelas unidades ou profissionais que devem decidir na organização.

São três os níveis de decisão: estratégico, tático e operacional. Decisões estratégicas são aquelas que definem os rumos da organização, isto é, sua missão e as estratégias para alcançá-la. Decisões táticas referem-se a como a missão e as estratégias serão operacionalizadas, definindo-se objetivos, metas, normas e procedimentos, formas de acompanhamento e avaliação. Decisões operacionais são aquelas relativas à execução dos trabalhos cotidianos.

No sentido horizontal, identificamos através de siglas os decisores (unidades ou pessoas), que devem ser hierarquizados segundo a estrutura organizacional, colocando-se as unidades da base da hierarquia à direita e as do topo à esquerda.

No sentido vertical, descrevemos resumidamente as decisões a serem analisadas e as classificamos em estratégicas, táticas e operacionais.

No espaço retangular, resultado da interseção entre decisores e decisões, assinalamos com um "X" quem toma a decisão.

A construção da matriz de análise do grau de centralização compreende os seguintes passos:

Primeiro passo: levantamento de todas as unidades e dos profissionais responsáveis pela existência da organização.

Segundo passo: identificação do nível hierárquico de cada unidade ou do profissional. Sugerimos trabalhar com um mínimo de três e um máximo de cinco níveis.

Terceiro passo: rol das decisões tomadas.

Quarto passo: classificação das decisões segundo o nível (estratégico, tático e operacional).

Quinto passo: identificação dos decisores.

Sexto passo: análise da matriz, procurando verificar se para cada decisão foi identificado um decisor. Pode haver mais de um decisor para uma mesma decisão, o que exigirá uma definição de competência. O mesmo pode ocorrer caso haja decisões sem decisor definido.

Sétimo passo: análise do grau de centralização ou de descentralização. Se os "X" se localizarem mais à esquerda, significa que as decisões são centralizadas. Enquanto os "X" mais à direita indicam um grau maior de descentralização.

Exemplo de matriz de tomada de decisão[15]

Decisões/Atividades	Nível de decisão	1	2	3	4	5
❏ Define a missão e as estratégias da organização	E	X				
❏ Define a metodologia de trabalho a ser adotada	E	X				
❏ Avalia o andamento da organização	E	X				
❏ Estabelece objetivos e metas para a organização	E		X			
❏ Garante a execução das políticas da organização, a partir da missão e das estratégias estabelecidas pela Assembleia	E		X			
❏ Revê as diretrizes dos processos educacionais e de assessoramento	E		X			
❏ Define uma política de pessoal	E		X			
❏ Aprova o orçamento anual	E		X			
❏ Aprova a prestação de contas	E		X			
❏ Decide sobre os intercâmbios internacionais a serem realizados	E		X			
❏ Decide sobre a manutenção, incorporação ou desativação de projetos segundo as prioridades fixadas	T			X		
❏ Analisa a viabilidade de novos projetos	T			X		
❏ Acompanha e avalia o andamento de cada projeto, alterando prazos, realocando recursos, redefinindo metas e objetivos	T			X		
❏ Decide sobre os textos a serem publicados	T			X		
❏ Propõe o orçamento anual das atividades-meio e dos projetos	T			X		
❏ Aprova as atividades e os recursos de cada projeto	T			X		

Continua

---

[15] Adaptado de Cavalcanti et al., 1990.

FUNÇÃO ORGANIZAÇÃO 75

Decisões/Atividades	Nível de decisão	1	2	3	4	5
❑ Apoia os programas e os projetos, colocando à disposição os recursos necessários a sua consecução	T			X		
❑ Estabelece normas e procedimentos em seu campo de ação	T			X		
❑ Tem iniciativa para modificar rotinas e procedimentos técnico-administrativos	T			X		
❑ Propõe a participação em redes temáticas e eventos	T			X		
❑ Tem iniciativa para propor adaptações e modificações nos objetivos, nas metas, nas atividades e nas tarefas a serem desenvolvidas, bem como nos recursos necessários a cada projeto	O					X
❑ Distribui as tarefas a serem desempenhadas pelos técnicos	O					X
❑ Avalia os resultados obtidos por cada projeto	O					X
❑ Decide sobre a participação em eventos locais, que não impliquem gastos, no âmbito do projeto	O					X

Nota: E – nível estratégico; T – nível tático; O – nível operacional. 1. Assembleia Geral; 2. Secretaria Executiva; 3. Comitê Coordenador; 4. Coordenação Técnica, ou de Administração e Finanças, ou de Relações Institucionais; 5. Gerência de projeto.

Normatização

Normatizar é descrever como, quando e quem vai executar determinadas atividades e tarefas. Comumente as normas são estabelecidas em regulamentos, manuais de procedimentos e fluxos de trabalho.

Esses instrumentos têm por objetivo orientar, padronizar e avaliar o comportamento operacional dos empregados e participantes de uma organização, bem como integrar as diferentes atividades.

Nas ONGs investigadas, não se encontrou qualquer tipo de manual, o que não significa que não existam normas e regras estabelecidas, principalmente no tocante à autorização para realizar despesas, prestar contas, contratar pessoal e comprar material.

Em geral, a formalização de normas e procedimentos surge da necessidade de padronizar o trabalho a ser realizado. Contudo, a tendência hoje tem sido dar liberdade de ação às pessoas com relação a como fazer e destacar cada vez mais os resultados obtidos. Regras e normas escritas não são garantias de seu cumprimento.

O objetivo de explicitar procedimentos não seria, *a priori*, estabelecer uma maneira rígida de fazer as coisas, e sim, registrar a sistemática de trabalho, visando à criação de um banco de dados onde as experiências pudessem ser relatadas e avaliadas.

Esse relato poderia observar os passos básicos previstos na elaboração de rotinas, a saber:

❑ identificação dos objetivos a serem alcançados;
❑ caracterização das estratégias de implementação e das atividades a serem desenvolvidas;
❑ fixação de prazos para implementação das atividades;
❑ elaboração de fluxogramas e cronogramas de trabalho.

A seguir apresentaremos, a título de exemplificação, um possível roteiro para nortear a realização de um curso, com base na experiência passada.

Objetivo:	Ministrar o curso X, para um grupo de 25 pessoas, no primeiro semestre no ano de ....
Atividades básicas:	1. Planejamento 2. Execução 3. Acompanhamento
Tarefas:	1. Identificação e caracterização dos beneficiários 2. Definição do conteúdo do programa 3. Escolha e contratação de instrutores 4. Divulgação do curso 5. Definição de local e horário 6. Seleção dos participantes 7. Preparação do material didático 8. Escolha do processo de ensino/aprendizagem, técnicas e instrumentos 9. Definição do processo de acompanhamento e avaliação 10. Preparação da sala 11. Realização do curso 12. Acompanhamento 13. Aplicação dos instrumentos de avaliação 14. Elaboração de relatório

O cronograma apresentado no capítulo 3 poderia substituir a relação de tarefas, demonstrando graficamente sua sequência, sua interdependência e sua duração.

Descrição de cargos

Entende-se por *cargo* um conjunto de tarefas de mesma natureza e complexidade atribuído a uma ou mais pessoas. Representa a menor unidade formal da divisão de trabalho.

A *descrição de cargo* consiste numa relação de tarefas e dos requisitos necessários ao seu desempenho. O objetivo é estabelecer as responsabilidades de cada empregado e, a partir dessas informações, definir uma hierarquia de cargos que se refletirá no valor da remuneração a ser paga.

A descrição de cargo, entendida como listagem detalhada de tarefas, tende a ser cada vez mais sintética, enfatizando mais os objetivos e as habilidades requeridos para o seu exercício do que a forma de realizar as tarefas. Desse modo, pretende-se pensar mais em resultados, deixando que cada profissional defina por si só como e o que fazer.

Nas ONGs pesquisadas não foram encontradas descrições de cargos, seja por seu tamanho, seja pela informalidade com que atuam. De qualquer forma, foi possível identificar algumas tarefas básicas que poderiam ser agrupadas em cargos, de modo a facilitar a distribuição de responsabilidades, a seleção das pessoas e a definição da remuneração. As tarefas administrativas poderiam ser reunidas de modo a definir os cargos de contínuo, auxiliar administrativo e técnico administrativo. Já as tarefas finalísticas moldariam os cargos de técnico, analista/especialista, coordenador comunitário/coordenador de área/gerente de projetos e coordenador-geral.

Considerações sobre a função organização

Na sondagem realizada ficou claro que as ONGs apresentam uma estrutura formal que garante a sua existência legal. Já a operacionalização de seus objetivos é garantida por uma estrutura tanto informal quanto formal, prevalecendo, na maioria das ONGs, a estrutura informal. O elevado grau de flexibilidade resultante dessa estrutura já foi apontado como um fator positivo de sua gestão. Quando formalizadas, as unidades se estruturam pelo critério de departamentalização funcional, cujas principais desvantagens são a especialização excessiva e a perda de visão do todo organizacional.

O objetivo deste capítulo foi apresentar conceitos e instrumentos utilizados pelas organizações na estruturação de suas atividades, destacando suas vantagens e desvantagens, de modo a evidenciar a existência de uma diversidade de opções a serem feitas em virtude das estratégias e dos resultados esperados.

Nas ONGs, os desafios referentes à função organização concentram-se na busca de equilíbrio entre informalidade e formalidade, de modo a garantir, simultaneamente, flexibilidade, com maior eficiência e eficácia, e um alto grau de cooperação, participação e integração, características que sempre lhes foram inerentes.

Portanto, com relação a esta função, seria plausível esperar que as ONGs procurem adotar as seguintes atitudes:

- manter a concentração de recursos em suas atividades-fim;

- optar por uma estrutura matricial em que a tônica seja a administração por projetos, mais coerente com a transitoriedade de suas ações, sem necessidade de formalizar as atividades táticas e operacionais;

- manter o processo de tomada de decisões em colegiados, ampliando a participação para funcionários, colaboradores e cidadania;

- obter maior comprometimento no cumprimento de prazos de modo a evitar a formalização de controles;

- estruturar minimamente um plano de cargo com descrição ampla das tarefas para facilitar os processos de recrutamento, seleção e remuneração de pessoal.

CAPÍTULO 5

Função direção

Como vimos, antes de dar início às suas atividades, a organização deve proceder ao *planejamento* de suas ações e à *organização* do trabalho, através da distribuição de tarefas e responsabilidades entre seus membros. Porém, apesar de essencial, o exercício dessas duas funções não garante que o trabalho seja devidamente realizado. Para assegurar sua execução é necessário estimular as pessoas a realizar suas tarefas, fazendo com que assumam as responsabilidades que lhes foram atribuídas. À função gerencial que procura garantir a execução das ações nas organizações denominamos *direção*.

> **O QUE É FUNÇÃO DIREÇÃO?**
>
> É a ação de conduzir e motivar pessoas a executarem suas tarefas a fim de alcançar os objetivos organizacionais.

Por meio da função direção, o gerente determina como atingir os objetivos organizacionais. Essa função implica transmitir às pessoas o que elas devem fazer e conseguir que elas trabalhem da melhor maneira possível com a melhor utilização dos recursos disponíveis.

Esta é uma função extremamente dinâmica, pois envolve o relacionamento entre pessoas que buscam objetivos comuns. Por isso exige daquele que a exerce — o gerente — a capacidade de coordenar os trabalhos a serem realizados, fixando prioridades e exercendo a liderança junto aos subordinados de forma a motivá-los. O exercício da função direção exige do gerente a capacidade de coordenar, liderar, motivar e tomar decisões.

Para melhor compreendermos essa função, outras atividades que a integram devem ser entendidas e serão desenvolvidas ao longo deste capítulo. A primeira — a *coordenação* — visa a identificar e analisar as relações que se estabelecem entre as pessoas e as organizações, de forma a evitar tanto a superposição quanto a falta de recursos. Também é essencial identificar alguns aspectos relativos à *liderança*, através da apresentação das características inerentes ao líder e aos diferentes estilos gerenciais, além de compreender o *processo decisório*, uma vez que tomar decisões é tarefa permanente na vida de um gerente. Na sequência, a *motivação* será abordada no tocante aos estímulos utilizados pelas organizações para motivar seus integrantes e às razões que levam as pessoas a se engajarem de forma diferenciada no cumprimento de suas obrigações de trabalho. O estudo estará pautado tanto nas necessidades dos indivíduos quanto nos fatores utilizados pela organização para satisfazer expectativas e influenciar comportamentos de empregados e de empregadores.[16]

Coordenação

No processo de estruturação de uma organização, o gerente deve identificar as atividades a serem realizadas, bem como a quantidade de pessoas, materiais, equipamentos, instalações e recursos financeiros necessários para garantir que os objetivos organizacionais sejam atingidos nos prazos de execução estipulados.

É através da coordenação que se torna possível maximizar a utilização dos recursos existentes, promovendo a integração das diferentes atividades de organização de forma a evitar a duplicação de esforços.

A partir da análise conjunta do trabalho a ser realizado, os gerentes negociam os recursos requeridos para a consecução das atividades sob sua responsabilidade, de modo a cumprir prioridades e prazos. A coordenação é, portanto, uma ação conjunta em que se estabelecem compromissos entre diferentes áreas e pessoas.

O esforço de coordenação varia de acordo com a maior ou a menor conexão entre os trabalhos a serem executados. Quanto menor for essa interligação, caracterizando fluxos de trabalho independentes, menos coordenação será necessária. Ao contrário, quanto maior a interligação, caracterizando fluxos de trabalho dependentes, mais coordenação será requerida.

Assim, num fluxo de trabalho independente, cada pessoa ou unidade se encarrega de cumprir seu objetivo, e a sobrevivência da organização depende basicamente do desempenho individualizado de cada componente. Nessa situação, onde predomina um baixo grau de dependência entre as atividades, o

---

[16] Motta, 1991:186.

Função Direção

objetivo primordial da coordenação seria maximizar os recursos disponíveis, o que exige:

- relações intensas de negociação quanto ao uso de recursos;
- definição de objetivos intermediários e critérios de acompanhamento;
- estabelecimento de estratégias comuns de ação;
- identificação de facilitadores (aspectos fortes de cada um) para o estabelecimento de relações de ajuda recíproca.

Já num fluxo de trabalho dependente, as atividades desenvolvidas por uma pessoa ou unidade alimentam as demais atividades, formando uma cadeia. Nesse tipo de fluxo, caracterizado pela formação de elos entre as atividades, são necessários, para a consecução dos objetivos fixados:

- relações de negociação quanto à clarificação e ao entendimento dos objetivos;
- estabelecimento de cronogramas de trabalho e negociação de prazos;
- determinação de pontos de acompanhamento;
- processo contínuo e conjunto de diagnóstico e solução de problemas.

Para facilitar o exercício da coordenação, as organizações podem utilizar instrumentos gerenciais, como o *cronograma*, as *reuniões periódicas* e a *matriz institucional múltipla*, cada um com uma funcionalidade e um grau de complexidade específicos.

Importante instrumento de coordenação, o *cronograma* permite visualizar a interligação das diferentes atividades organizacionais com seus respectivos prazos de execução. Por meio da análise da relação atividade/tempo, podemos negociar novos recursos, a fim de encurtar o tempo de execução ou reforçar determinada atividade.

Quando dados complementares, como os referentes a alocação de pessoas, utilização de salas, equipamentos ou veículos, são acrescidos ao cronograma, torna-se possível distribuir melhor o trabalho e os recursos disponíveis entre as pessoas, evitando assim a superposição ou a ociosidade.

A seguir apresentamos, a título de exemplo, o cronograma da ONG *Cooperando*, contendo dados relativos à alocação de pessoas. Neste cronograma a duração das atividades foi assinalada com siglas, que representam o nome das pessoas alocadas para realizar o trabalho.

Cronograma de trabalho da ONG *Cooperando*

Programas/Projetos	Duração total em semestres	1	2	3	4	5	6	7	8
Programa educacional									
Projeto de educação cooperativa do Norte fluminense	4	RMJ	RMJ	RMJ	RMJ				
Projeto de educação cooperativa do Centro-Oeste fluminense	4					FAT	FAT	FAT	FAT
Projeto de educação de multiplicadores do Norte fluminense	2	RM	RM						
Projeto de treinamento de multiplicadores do Norte fluminense	2							RM	RM
Projeto de educação de multiplicadores do Centro-Oeste fluminense	2					FT	FT		
Programa de assistência jurídica e consultoria gerencial					R	R			F	F
Projeto de assistência jurídica	4								
Projeto de assistência gerencial	4								
Projeto de intercâmbio	4					R	R	R	R

Nota: R — Ricardo (coordenador); M — Maria (técnico); J — José (técnico); F — Fernando (coordenador); A — Ana (técnico); T — Tereza (técnico).

Ao elaborarem este cronograma, os dirigentes da *Cooperando* pensaram a princípio em ter dois coordenadores, um para cada região. Como os projetos não se desenvolveriam em paralelo, surgiu a ideia de se adotar um único coordenador para os dois projetos. Outra alternativa sugerida foi a transferência de José, a partir do segundo ano, para trabalhar na região Centro-Oeste fluminense, ao invés de se contratar dois técnicos para essa região, aproveitando a experiência adquirida por ele. Para os projetos de assistência jurídica e gerencial optou-se por serviço terceirizado, razão pela qual só consta no cronograma o nome dos coordenadores.

Outro instrumento valioso de auxílio à coordenação são as reuniões periódicas com os responsáveis pelas diferentes atividades. As reuniões servem para acompanhar o trabalho, verificar o cumprimento dos prazos e identificar os fatores que estão facilitando ou dificultando sua execução. Para ser proveitosa e não se transformar em desperdício coletivo de tempo, a reunião deve ser marcada com antecedência, com indicação de horário de início e fim, local, participantes e temas a serem abordados.

A coordenação de projetos que envolvem o trabalho de diferentes organizações pode dispor de um instrumento denominado *matriz institucional múltipla*. Esta funciona como instrumento de coordenação entre organizações e visa a identificar as funções e as responsabilidades de cada uma nas atividades a serem desenvolvidas no projeto. Essa matriz permite que os gerentes de projetos visualizem as organizações que, de forma integrada, deverão desempenhar atividades visando à efetividade do projeto, o que facilita o processo de acompanhamento e tomada de decisões.

A matriz institucional múltipla conta com duas variáveis básicas: agentes e atividades. *Agentes* são todas as instituições, públicas ou privadas, com ou sem fins lucrativos, que desempenham alguma função no projeto. *Atividades* são todas as ações que se planejou desenvolver para cumprir os objetivos do projeto.

No sentido horizontal da matriz são identificados, por meio de siglas, os agentes, enquanto no sentido vertical são descritas, resumidamente, as atividades prioritárias ou indispensáveis à implementação do projeto. No espaço retangular, resultado da interseção entre atividades e agentes, assinala-se com um "X" o agente ou os agentes responsáveis por aquela atividade. O número de atividades e funções poderá variar de acordo com as necessidades que a coordenação considerar indispensáveis para que a matriz espelhe as relações interorganizacionais. No anexo 2, são apresentados os passos a serem seguidos para construir a matriz institucional múltipla. A partir da análise dessa matriz é possível estabelecer e formalizar unidades e processos de coordenação.

Também como recurso de coordenação podem ser criadas, na estrutura da organização, unidades colegiadas, que constituem espaços de discussão e deliberação onde as várias chefias de unidades ou projetos podem e devem exercitar a coordenação. Como exemplo, temos o caso de uma ONG que criou um Comitê Coordenador composto dos coordenadores técnico, administrativo-financeiro e de relações institucionais. A este comitê foram dadas as atribuições de identificar as áreas de atuação de cada projeto em função da missão, dos objetivos, das estratégias estabelecidas, das necessidades dos beneficiários e das alternativas de financiamento e parceria; viabilizar a operacionalização dos projetos, colocando à disposição os recursos necessários; e acompanhar e avaliar o desenvolvimento de cada projeto, propondo medidas corretivas.

Para finalizar, cabe ressaltar que, no processo de coordenação, é primordial a negociação e a comunicação permanentes entre as pessoas. Assim, para cada projeto a ser desenvolvido podemos prever reuniões e instituir informes e relatórios que permitam acompanhar e divulgar informações relativas ao seu andamento, possibilitando assim a tomada de decisões. Cabe destacar também que a coordenação pode se dar tanto informalmente, através de reuniões para decidir sobre a alocação de recursos e o acompanhamento dos trabalhos, quanto formalmente, a partir do estabelecimento de uma gerência de projeto composta por membros de diferentes unidades ou instituições.

Nas ONGs, observa-se um esforço de coordenação, realizado por meio de reuniões periódicas de seus membros. Contudo, esse esforço poderia ser mais bem-sucedido se fosse utilizado um instrumento que representasse graficamente o envolvimento das pessoas nos diferentes projetos e a visualização global do trabalho, como é o caso do cronograma ou da matriz institucional múltipla.

Liderança

Para que o gerente possa exercer eficazmente a função de direção, não basta que o comando da organização lhe delegue autoridade formalmente. Faz-se necessário que exerça a gerência com liderança, isto é, com o reconhecimento, por seus pares e subordinados, da autoridade que lhe foi conferida.

Numa visão contemporânea, *liderança* é definida como "o processo no qual um indivíduo influencia outros a se comprometerem com a busca de objetivos comuns".[17] Essa percepção transfere a compreensão da liderança do líder para os liderados. Uma vez que o líder só é considerado como tal quando há a

---

[17] Motta, 1991:210.

aprovação dos subordinados, "grande parte do poder do líder encontra-se no próprio grupo".[18] Essa visão opõe-se à concepção de liderança que defende a necessidade de um distanciamento entre líder e subordinados para que a hierarquia não seja violada e a autoridade não seja desrespeitada. Inversamente, supõe que "o reforço da autoridade e a aquisição da capacidade de liderar vêm muito mais da aproximação de líderes e liderados do que de seu distanciamento".[19] A liderança sustentada pela coerção não é legitimada pelos subordinados e, mesmo sendo eficiente durante algum tempo, implica um desgaste gradual nas relações interpessoais que acaba minando a autoridade do líder e, consequentemente, afetando o desempenho da organização.

O líder é aquele que consegue obter a cooperação e o comprometimento de seus subordinados na consecução daquilo que foi planejado. Antigamente, acreditava-se que a liderança era inata e, portanto, restrita a um seleto grupo de indivíduos agraciados pelo destino. Hoje, a liderança é vista como um conjunto de habilidades e conhecimentos que podem ser aprendidos, desenvolvidos e aperfeiçoados. A influência que a liderança exerce sobre o desempenho organizacional estimula dirigentes a buscarem as qualificações que otimizem o cumprimento dessa incumbência.

Motta[20] distingue três dimensões que englobam as qualidades e habilidades requeridas por um líder: a organizacional, a interpessoal e a das qualidades pessoais.

Na dimensão organizacional concentram-se os conhecimentos que o líder deve dominar acerca da organização e de seu contexto. Entre esses conhecimentos, pode-se destacar:

❏ compreensão da missão socioeconômica da organização;

❏ conhecimento dos objetivos organizacionais e da ambiência social, econômica e política externa à organização;

❏ capacidade de propor novas soluções e de desvendar novos problemas;

❏ competência em agregar esforços com vistas a manter a coerência entre os objetivos e as ações organizacionais;

❏ ter visão e orientar-se continuamente para o futuro.

---

[18] Motta, 1991:210.
[19] Ibid., p. 213.
[20] Ibid., p. 215-220.

A dimensão interpessoal, por sua vez, reúne as habilidades relacionadas aos processos de interação e de comunicação entre o líder e seus liderados. Estão incluídas entre essas aptidões:

- saber valorizar as pessoas por meio de elogios, recompensas e outras formas de reconhecimento do desempenho;
- aprender a aceitar as pessoas como elas realmente são, sem a intenção de transformá-las em tipos ideais;
- manter uma relação amistosa e de proximidade com os subordinados. O líder deve dispensar o mesmo tratamento a todos, independentemente do nível hierárquico ocupado;
- confiar nas pessoas, dando espaço para que possam desenvolver livremente suas relações interpessoais e criar métodos próprios de trabalho;
- fazer uso da comunicação como meio de informação, mas, principalmente, na difusão dos valores, crenças e hábitos que, em seu conjunto, formam a cultura organizacional. Cabe ao líder criar e pôr à disposição de todos os canais de comunicação que servirão para ampliar o diálogo com vistas ao incremento da confiança entre os subordinados e entre estes e o líder.

Numa terceira dimensão estão agrupadas as qualidades individuais de um líder. Estariam incluídas nessa categoria: autoconhecimento, iniciativa, coragem, persistência e integridade.

Outro aspecto fundamental da liderança é a capacidade do líder de se adaptar às diferentes situações enfrentadas. Determinadas tarefas exigem uma atuação mais centralizadora. Em outras ocasiões, é possível encontrar padrões de liderança caracterizados pela concessão de maior liberdade aos subordinados. Na realidade, a liderança deve ser suficientemente maleável para se adequar às situações, ora enfatizando mais as relações interpessoais, ora o cumprimento de metas.

Nas ONGs observamos a tendência de selecionar seus dirigentes entre os membros da organização. Nesse processo, as escolhas recaem sobre aqueles que são reconhecidos como líderes em função de sua capacidade técnica, capacidade de articulação e/ou carisma. Contudo, o fato de muitas vezes os membros das ONGs já trabalharem juntos há um certo tempo faz com que a liderança baseada nas relações interpessoais prevaleça sobre uma liderança centrada no cumprimento de metas, daí a necessidade de enfatizar esse aspecto no dia a dia da gestão das ONGs.

Processo decisório

O exercício da função direção exige que os dirigentes da organização tomem uma série de decisões para viabilizar a realização dos objetivos traçados. Decisão nada mais é do que o processo de escolha entre diferentes alternativas, visando a atingir um objetivo determinado. O processo de tomada de decisão ou processo decisório funciona como o motor, a mola-mestra das organizações. Através do processo decisório se operam as escolhas da organização, as intenções e ideias dos indivíduos se transformam em ações, problemas são solucionados e oportunidades aproveitadas. Tudo o que ocorre no dia a dia das organizações é consequência de decisões tomadas em algum momento da vida organizacional.

Ainda que as decisões estejam frequentemente associadas aos dirigentes, que costumam ser chamados de decisores, decidir não é atribuição somente daqueles que desempenham funções gerenciais. Na verdade, tanto a compra de determinada marca de equipamento quanto a mudança do público a ser atendido por uma ONG resultam de decisões tomadas no âmbito da organização. O que difere é o impacto produzido na ONG. Normalmente as decisões de maior impacto são tomadas pelos dirigentes ou por órgãos colegiados, daí a associação do dirigente ao processo decisório.

Por variarem conforme o seu impacto na organização, as decisões, como já foi visto, podem ser classificadas em *estratégicas, táticas* e *operacionais,* de acordo com o nível em que se processam. Aos dirigentes cabe normalmente a responsabilidade pelas decisões estratégicas.

As decisões podem ser também classificadas em *programadas* ou *rotineiras* e *não programadas.* As primeiras baseiam-se em normas, hábitos e rotinas estabelecidas. Por serem mais simples, não exigem muito esforço de decisão. São decisões que envolvem, por exemplo, a compra de materiais e alimentos para uma creche, o recrutamento de funcionários através de anúncios de jornal e todas aquelas decisões que se baseiam em procedimentos, rotinas e hábitos fixos.

As decisões não programadas, por serem eventuais, não seguem um roteiro, nem se baseiam em práticas correntes; elas lidam com o desconhecido e implicam a opção por determinada alternativa em detrimento de outras, representando sempre um risco. É justamente a incerteza inerente à tomada deste tipo de decisão que tem motivado os teóricos da administração a criar modelos e esquemas de análise da decisão, na tentativa de controlar esse processo e torná-lo mais racional (ver exemplo de matriz de tomada de decisão na p. 74).

No esforço de tornar a decisão mais racional, definiram-se as etapas a serem observadas no decorrer do processo decisório:

- identificar o problema ou situação que requer a tomada de decisão;
- identificar as alternativas de ação, em face do problema;
- analisar as repercussões de cada uma delas para poder avaliar a melhor;
- escolher a melhor opção.

Ainda que na prática esse esquema possa parecer simplista — as decisões tendem a ser muito mais complexas e desestruturadas do que supõe o modelo —, ele pode facilitar o processo, na medida em que o torna mais organizado e coerente.

Apesar de a tentativa de estruturar o processo decisório ser útil, é importante considerar que, paralelamente à lógica que o esquema decisório procura imprimir à decisão, outros fatores interferem no processo, comprometendo a sua racionalidade, mas não podem ser ignorados, por serem partes integrantes da decisão.

Um dos fatores mais presentes nas tomadas de decisão são os políticos. A decisão, ao mesmo tempo em que é um processo racional, é também fruto de negociações entre indivíduos e grupos com interesses distintos. Por essa razão, as decisões que emergem dos processos decisórios organizacionais nem sempre são as mais racionais, e sim as que conciliam o maior número de interesses. A presença do elemento político na decisão deve ser visto não como uma disfunção, mas como parte integrante do processo. O poder, entendido como a capacidade de influenciar outros indivíduos, é um elemento determinante na tomada de decisão; sem ele muitas decisões importantes não sairiam do papel.

Não são apenas os fatores políticos que limitam a tomada de decisão racional, a rapidez com que se processam as mudanças no mundo atual também exige do decisor grande agilidade na capacidade de decidir, e esta nem sempre é compatível com o modelo de escolha racional, daí a opção por decisões rápidas e "intuitivas", aparentemente distantes da lógica formal, mas que são na verdade fruto da experiência e dos conhecimentos individuais acumulados pelo decisor.

Por sua complexidade e por ser crucial para o exercício da direção, a tomada de decisão talvez seja o maior desafio para o gerente. Pelas razões mencionadas, o decisor não pode ignorar a importância do poder, nem da subjetividade, quando busca alternativas racionais para a organização. Sendo assim, o grande desafio do gerente é tomar decisões acertadas, racionalmente compatíveis com os objetivos organizacionais, e também com os interesses dos grupos que compõem a organização. É fundamental compreender que a melhor decisão nem sempre é a mais racional, muitas vezes é a possível ou a que concilia o maior número de interesses.

Nas maioria das ONGs — em função da origem — prevalece o processo decisório participativo, no qual os dirigentes tomam as decisões em conjunto com coordenadores e técnicos. Esse processo, que visa a compartilhar com as pessoas os objetivos da ONG e a comprometê-las com eles, por vezes se alonga em demasia, podendo significar a perda de uma oportunidade ou a reação tardia a uma ameaça. Para minimizar esse efeito, a análise do grau de centralização e de descentralização poderá ajudar as ONGs a fazer escolhas relativas ao grau de centralização e de participação pertinente às suas decisões.

No entanto, apesar de certas premências, voltamos a salientar o que foi destacado no capítulo 1. O processo de tomada de decisão de uma ONG deveria ser coerente com as proposições de uma gestão social na qual o diálogo, e não o monólogo, seja o *ethos* do programa gerencial.

Motivação

Paralelamente às atribuições mencionadas, também é função do líder estimular os liderados na execução de suas atividades. Para isso é fundamental identificar suas expectativas em relação ao trabalho, ou seja, os motivos pelos quais trabalham, de maneira a criar uma relação mais satisfatória entre o indivíduo e sua tarefa.[21]

Na tentativa de compreender o que motiva as pessoas a realizarem suas tarefas, diversas teorias foram desenvolvidas para dar às organizações instrumentos que possibilitem aumentar o entusiasmo, a dedicação, a cooperação e a produtividade do indivíduo no trabalho.

Partindo do pressuposto de que os indivíduos são motivados a se comportar de determinada forma, seja para atender a determinadas necessidades, seja vislumbrando uma recompensa, os estudiosos da motivação acreditavam que se conhecêssemos as necessidades que levam os indivíduos a trabalhar e os recompensássemos corretamente, obteríamos maior empenho no trabalho.

Uma das mais importantes teorias sobre a motivação — a Teoria de Maslow — parte do princípio de que o indivíduo, através de seu comportamento, procura

---

[21] Motta, 1991:186-205.

atender a determinadas necessidades e que estas se encontram hierarquizadas. Identifica-se assim uma pirâmide, onde podem ser classificados cinco tipos de necessidades. O indivíduo só buscaria a necessidade imediatamente acima se a de baixo já estivesse satisfeita. Na base estão situadas as necessidades relativas à conservação do indivíduo (alimentação, moradia, repouso, atividade sexual). Imediatamente acima, as necessidades relacionadas à manutenção (saúde, estabilidade). No terceiro patamar, as necessidades de associação, que permitem ao indivíduo se identificar com um grupo social. No quarto nível, as necessidades relativas à estima, isto é, ser aceito, respeitado, admirado, reconhecido; e, por último, as necessidades de autorrealização, ou seja, aquelas que contribuem para a felicidade do ser humano.

Na realidade, a premissa de Maslow de que indivíduo não procura atender a uma necessidade "superior" enquanto não tiver uma "inferior" saciada tem-se mostrado limitada. O que se observa na prática é que, em determinado momento, o indivíduo tem necessidades mais prementes do que outras, porém todas as necessidades subsistem simultaneamente, em graus diferenciados, variando de indivíduo para indivíduo. Essa constatação explica a dificuldade de se implantar sistemas de incentivos que garantam o atendimento de todas as necessidades individuais, o que se constitui num desafio a ser enfrentado por todas as organizações.

Outra teoria de motivação, elaborada por Herzberg, tem como ponto de partida a análise de dois grupos de fatores que as organizações podem usar na tentativa de motivar seus empregados. Um grupo é composto de fatores chamados de higiênicos e outro de fatores motivacionais. O primeiro está diretamente relacionado às necessidades de conservação, manutenção e sociais de Maslow. O segundo engloba as necessidades a que Maslow se refere como estima e autorrealização.

Identificam-se como fatores higiênicos o salário básico, o ambiente físico de trabalho, os benefícios sociais, as relações interpessoais entre colegas e entre chefia e subordinados. Os fatores motivacionais são: o aumento de responsabilidade, um *status* mais elevado, uma autonomia maior com relação ao trabalho e a possibilidade de exercer a criatividade.

Herzberg afirma que os fatores higiênicos têm capacidade limitada para aumentar e manter um bom desempenho. Por outro lado, são capazes de criar insatisfação se não forem suficientes para atender às necessidades básicas. Já os fatores motivacionais seriam os que realmente estimulariam um maior entusiasmo, dedicação, cooperação e produtividade.

Valendo-nos dessas teorias, construímos o quadro a seguir, que visa a relacionar as necessidades de Maslow aos fatores de Herzberg. Este quadro permitirá identificar e analisar os tipos de estímulos ou incentivos que têm sido mais frequentemente utilizados nas ONGs. A partir dessa análise, cada uma poderá introduzir ou reforçar os incentivos, a fim de tentar aproximar a teoria da prática.

Necessidades hierárquicas Maslow	Fatores higiênicos e motivacionais Herzberg
Autorrealização	❏ Identidade com o objetivo da organização ❏ Liberdade e autonomia de trabalho ❏ Respeito mútuo ❏ Valorização do trabalho
Estima	❏ Possibilidade de desenvolvimento profissional ❏ Reconhecimento interno e externo pelo trabalho realizado
Sociais	❏ Participação em movimentos de classe
Manutenção	❏ Condições de moradia ❏ Plano de saúde ❏ Aposentadoria ❏ Ajuda educação
Conservação	❏ Salário ❏ Condições físicas do ambiente de trabalho ❏ Outros benefícios indiretos, como alimentação, transporte

No que diz respeito ao tema motivação, nas ONGs pesquisadas constatamos que o quadro dirigente e técnico é altamente estimulado a trabalhar pela essência da missão da organização, contagiando, em certo grau, o pessoal que presta trabalho administrativo e serviços. Assim, segundo as teorias apresentadas, essas organizações estimulam a motivação de seus membros pela autorrealização, que provém da afinidade existente entre objetivos organizacionais e objetivos pessoais. Manter esse fator de estímulo representa um diferencial almejado por outras organizações como forma de atingir seus objetivos.

No entanto, apesar de bem-sucedidas quanto à motivação de seu quadro técnico e gerencial, as ONGs se deparam frequentemente com a dificuldade de motivar seu pessoal administrativo. Esses profissionais, por não se identificarem tão fortemente com a missão organizacional, tendem a demandar remunerações e benefícios mais satisfatórios, o que quase sempre é difícil de atender, dadas as limitações de recursos com que as ONGs convivem.

Considerações sobre a função direção

A pesquisa realizada nas ONGs revela intenso esforço de coordenação, principalmente no nível interorganizacional, na busca da maximização da utilização de recursos. Esse esforço é realizado principalmente através de reuniões onde a tônica é a busca de consenso. Não basta, contudo, para garantir o comprometimento dos membros com questões operacionais, como, por exemplo, o cumprimento de cronogramas.

Neste capítulo, procuramos fornecer subsídios que possibilitem às ONGs tornar mais produtivas as ações de coordenação interorganizacional e interinstitucional, de forma a otimizar a utilização de recursos, cada vez mais escassos em face das necessidades crescentes da sociedade.

Quanto ao processo de tomada de decisões, constatamos que as ONGs, como as demais organizações, estão sujeitas a pressões políticas, a incertezas e à presença cada vez maior da subjetividade no ato de decidir, em virtude da rapidez com que as alternativas de ação devem ser escolhidas. Cabe aos dirigentes das ONGs tomar as decisões mais compatíveis com os objetivos organizacionais, no prazo mais curto possível e sem perder de vista os elementos políticos que integram o processo. Se as questões políticas que permeiam a gestão das ONGs podem dificultar a tomada de decisão, a prática participativa presente na maioria dessas organizações faz com que as diferentes visões individuais possam ser compartilhadas, o que permite que os dirigentes trabalhem com informações mais completas.

No que diz respeito à motivação, constatamos a dificuldade das ONGs em estimular igualmente seu quadro técnico e administrativo, dado que, enquanto o primeiro se sente motivado pela missão da organização, o segundo apresenta outras necessidades motivacionais. Diante desse quadro, podemos dizer que as ONGs alcançam um grau elevado de entusiasmo e comprometimento quando as pessoas que nelas trabalham se identificam com sua missão, seus objetivos e sua forma de atuação, mas se deparam com o desafio de motivar aqueles que não se identificam com a missão organizacional. Este é, portanto, mais um desafio para as ONGs: propiciar a todos os seus membros a satisfação pessoal com o trabalho desenvolvido.

De forma conclusiva, podemos dizer que, nas ONGs, a função direção é mais desenvolvida do que as demais funções. Vários aspectos relativos à criação e ao funcionamento das ONGs podem explicar este fato. Primeiro, por terem sido criadas com objetivos voltados para a promoção social, fator de motivação para a maioria de seus membros. Segundo, por perseguirem uma liderança participativa, o que possibilita a seus integrantes compartilhar dos mesmos ideais, expectativas e necessidades. Terceiro, por terem por vezes atuado na clandestinidade, o que as levou a desenvolver uma prática de trabalho eminentemente informal. E, finalmente, por gerirem recursos escassos e dispersos, que exigem um esforço permanente e intenso de coordenação.

Anexo 2

Matriz Institucional Múltipla

Passos para sua elaboração

Primeiro passo. Levantamento de todas as organizações, unidades e profissionais responsáveis pela consecução do projeto, que serão identificados como agentes e colocados na linha horizontal da matriz.

Segundo passo. Elaboração do rol das atividades a serem desenvolvidas, posicionando-as na linha vertical da matriz.

Terceiro passo. Definição e identificação das funções desempenhadas por cada um dos agentes com relação às atividades, assinalando as funções no espaço retangular destinado à interseção entre agentes e atividades. Essas funções podem ser de: planejamento (P); financiamento (F); execução (E); acompanhamento (A); normatização (N), entre outras.

Quarto passo: Análise da matriz, procurando identificar se para cada atividade foram associadas as funções necessárias a sua execução e o agente responsável por elas. Pode ocorrer, também, que, para uma mesma atividade, mais de um agente exerça a mesma função, o que exigirá que o coordenador do projeto negocie a participação de cada um.

Quinto passo. Determinação de medidas que viabilizem a consecução do projeto.

Atividade	Agente				
	A	B	C	D	N
1	P/A	E	F	....	
2				....	
3				....	
.	.	.	.	.	.
.	.	.	.	.	.
.	.	.	.	.	.
.	.	.	.	.	.
.	.	.	.	.	.
n	.	.	.	.	.

Legenda:

P = planejamento; F= financiamento; E = execução; A = acompanhamento; N = normatização.

Obs.: Outras funções/legendas poderão ser criadas. É aconselhável criar uma coluna na extrema direita da matriz onde constará a data-limite de execução de cada atividade.

CAPÍTULO 6

Função controle

Após prever as atividades e os programas a serem realizados, organizar as equipes para desenvolver o trabalho e iniciar ou concluir a sua execução, cabe ao gerente analisar os resultados que estão sendo alcançados. Essa análise constitui a essência da função controle, que é a comparação do desempenho real, isto é, dos resultados efetivamente obtidos, com o desempenho esperado, ou seja, com os objetivos definidos no momento do planejamento, buscando dessa forma identificar eventuais descompassos e suas causas, o que possibilita a adoção de medidas corretivas quando necessárias.

> **O QUE É FUNÇÃO CONTROLE?**
>
> É a função que compara as ações planejadas com os resultados obtidos. A partir dessa análise é possível dar início a eventuais correções nos rumos definidos pela organização.

O controle está presente no dia a dia tanto dos indivíduos quanto das organizações. Pode ser encontrado nas mínimas ações do cotidiano, passando muitas vezes despercebido, por ser realizado de maneira mecânica e inconsciente. Se queremos cumprir nossos compromissos, somos levados a desenvolver nossos mecanismos de controle. Precisamos, por exemplo, adequar nossos horários levando em conta a possibilidade de nos defrontarmos com imprevistos sobre os quais temos pouco ou nenhum controle. Também efetuamos controle quando, ao fim do dia, analisamos e avaliamos nossas ações para verificar se ocorreram conforme o planejado. Essa avaliação nos ajuda a identificar pontos positivos e negativos, de forma a realimentarmos o planejamento do dia seguinte, visando a um rendimento mais satisfatório em nossas atividades.

O mesmo raciocínio empregado para as ações humanas também pode ser aplicado às organizações. Uma escola, um clube, um sindicato, uma empresa, enfim, quaisquer formas organizacionais necessitam estabelecer controles sobre seus recursos, suas atividades e seus produtos. O controle revela possíveis falhas ocorridas e possibilita a introdução de medidas corretivas capazes de produzir nova situação de equilíbrio.

A ONG, como qualquer outra organização, precisa exercer algum tipo de controle sobre suas atividades, sobre os recursos utilizados e sobre os produtos/serviços gerados. Esse controle pode ser tanto externo quanto interno. Controle externo refere-se aos mecanismos de fiscalização e de acompanhamento que venham a ser adotados pelas fontes financiadoras ou por outras entidades sobre os recursos e as ações desenvolvidas pela ONG. Já o controle interno relaciona-se estritamente à gestão organizacional, sendo os resultados obtidos analisados do ponto de vista da eficiência, da eficácia e da efetividade. Será esta segunda vertente do controle que merecerá uma análise mais aprofundada ao longo deste capítulo.

Embora haja um elo estreito entre todas as fases que compõem o processo administrativo, a interação das funções de planejamento e de controle merece uma atenção especial. Megginson e Mosley[22] observam que "planejar e controlar estão tão intimamente ligados que têm sido chamados de os 'irmãos siameses' da administração". Pode-se afirmar que planejar e controlar tornam-se exercícios vazios quando um ocorre sem o outro. Por existirem num contexto dinâmico e competitivo, as organizações são obrigadas a revisar continuamente sua posição com relação aos objetivos fixados e às mudanças verificadas em seus contextos interno e externo. Cabe ao controle essa função. Sua ausência ou sua ineficácia faz com que as organizações percam o contato com a realidade, o que pode levar à sua desestabilização e até mesmo à sua dissolução. O planejamento dissociado do controle pode ser comparado a uma carta de intenções cuja tendência é ser posta de lado, esquecida com o passar do tempo e substituída por outra conforme novos cenários se descortinam no horizonte dos planejadores.

Se o planejamento desprovido de controle consiste num esforço em vão, pensar na relação inversa, ou seja, na existência da função controle independente de um planejamento prévio, significa um mero exercício abstrato. O controle inexiste de forma isolada. Embora, para fins didáticos, seja classificado como a função que fecha o processo administrativo, o controle é simultaneamente o resultado de um planejamento anterior e o embrião de um novo.

---

[22] Megginson e Mosley, 1986:403.

Função controle e suas características

Segundo o momento em que é empregado, o controle recebe uma denominação e se reveste de características específicas.

Análise

É o controle *ex ante*. Consiste na verificação, anterior à colocação em prática do programa, projeto ou atividade, da viabilidade de se alcançar os objetivos pretendidos a partir dos recursos de que dispõe a organização e da observação das variáveis que compõem os contextos interno e externo. Metaforicamente, este controle se assemelharia à contagem regressiva que precede a subida de um foguete, quando são checados todos os componentes que integram a espaçonave. A identificação de falhas neste momento possibilita o cancelamento ou o adiamento da missão, com perdas substancialmente inferiores às esperadas no caso do prosseguimento daquilo que havia sido programado.[23]

Nas organizações, sobretudo nas públicas, o controle *ex ante* muitas vezes carece de um tratamento à altura de sua relevância. A falta de uma análise de viabilidade mais cuidadosa na fase pré-execução acarreta muitas vezes hiatos entre o desempenho esperado e o real que poderiam ter sido evitados. É nesta fase que a função controle deve atuar na verificação da qualidade e da quantidade dos recursos físicos, financeiros e humanos necessários à consecução dos objetivos da organização.

Acompanhamento ou monitoração

É o controle realizado durante o processo de execução de atividades, programas e/ou projetos. Sua principal virtude é a capacidade de promover correções no decorrer do processo, muitas vezes no momento em que os desvios são detectados. Corresponde à seguinte tomada de decisão: deve o processo continuar ou ser interrompido? A monitoração da operacionalização do processo é que fornece resposta a essa questão. Isto porque o controle é, acima de tudo, uma ação contínua, em que instrumentos selecionados para esse fim alimentam com informações os responsáveis pelo planejamento. Através da monitoração,

---

[23] Juran, 1992.

o mapeamento dos erros e acertos acontece de imediato e não somente após o término do processo, o que possibilita a adoção de medidas corretivas.

Avaliação

É o chamado controle *ex post*, realizado após a execução das atividades planejadas. Ao contrário do acompanhamento, a avaliação não interfere no desenrolar dos processos já iniciados. Seu compromisso é com os resultados alcançados. A confrontação entre resultados esperados e efetivos é fundamental para a compreensão de quando, onde e por que ocorreram alterações com relação ao que fora planejado.

Nas ONGs o controle de análise ocorre internamente, quando da elaboração de uma proposta para obtenção de financiamento, e externamente, quando executado pelas agências financiadoras ou conveniadas.

O controle de acompanhamento acontece de tempos em tempos, normalmente uma ou duas vezes por ano, quando as ONGs fazem seu relatório anual e sua prestação de contas. Constatamos que este tipo de controle tem enfatizado aspectos meramente financeiros, quando poderia ser uma oportunidade para analisar em que medida os objetivos estão sendo alcançados e com que recursos. As reuniões realizadas frequentemente entre os membros das ONGs deveriam incorporar esse objetivo em suas agendas de trabalho.

Já o controle de avaliação é realizado pelas ONGs normalmente com a participação de avaliadores externos, de três em três anos, com a finalidade de definir a renovação de projetos. Esses encontros de avaliação têm sido produtivos, na medida em que possibilitam a essas organizações analisar seus contextos externo e interno, alimentando assim o planejamento para os anos subsequentes.

Níveis de controle

Como se viu no capítulo 2, as organizações se estruturam em três níveis hierárquicos distintos: estratégico, tático e operacional. Esses três níveis organizacionais têm graus de abrangência e dimensões temporais distintos, dando origem a variados tipos de controles.

Controle estratégico

O nível estratégico ou institucional, situado no topo da pirâmide organizacional, precisa executar um controle global e integrado dos resultados e do desempenho da organização. Por ser responsável pelo estabelecimento da missão, pela formulação dos objetivos e estratégias que constituem o plano estratégico, seu horizonte temporal deve ser suficientemente amplo para captar as mudanças ambientais externas e internas. Como bem expressou Maximiano,[24] "o controle do tipo estratégico tem por finalidade acompanhar o desempenho da organização no que diz respeito à realização de sua missão, e também acompanhar o comportamento dos fatores ambientais que a afetam, visando a produzir informações que permitam a tomada de decisões sobre os objetivos estratégicos planejados e os recursos envolvidos em sua perseguição".

O fato de se ocupar dos aspectos mais gerais da organização e do contexto exige a introdução de um controle seletivo, que filtre as informações que realmente sejam de seu interesse. Com relação ao contexto, todos os aspectos que contribuam para a avaliação do desempenho da missão organizacional merecem ser controlados. Estão incluídos nessa categoria os vários públicos da organização, tais como mantenedores, clientes, governo, fornecedores, concorrentes e parceiros. Concomitantemente, também devem ser monitoradas as atividades desenvolvidas pelos demais níveis. As informações para o controle estratégico originam-se do contexto externo e do nível intermediário.

Em consequência da multiplicidade de variáveis e áreas a serem analisadas pelo nível estratégico, existe a tendência de os resultados do controle serem mais genéricos e sintéticos.

Controle tático

O nível tático tem a função de concretizar as decisões tomadas no nível estratégico. Ao mesmo tempo, serve como um amortecedor entre os níveis estratégico e operacional. O controle tático, diferentemente do controle estratégico, que tem um sentido mais amplo, incide sobre áreas de atuação da organização tais como produção, comercialização, pessoal, material, ou sobre as unidades que dão configuração às organizações, tais como departamentos, divisões ou seções. Tem uma amplitude mais reduzida, pois se dedica a avaliar como as áreas ou unidades desenvolvem as atividades que lhes foram atribuídas e como estão contribuindo para o sucesso dos objetivos e metas estipulados.

---

[24] Maximiano, 1987:286.

Controle operacional

Como o próprio nome indica, o controle operacional é efetuado sobre as operações e tarefas. O curto prazo é sua dimensão temporal, pois objetiva ter noção do desempenho a cada momento. Para efetuar o controle operacional, podem ser utilizados os seguintes instrumentos:

❑ orçamentos (planos relacionados com o dinheiro);
❑ cronogramas (planos relacionados com o tempo);
❑ regras e regulamentos (planos relacionados com os comportamentos).

Será portanto a partir do somatório das informações e das percepções provenientes desses três níveis de controle que a organização deverá implementar as correções e adaptações que porventura sejam requeridas.

Níveis do controle

Níveis	Prazo	Foco	ONGs	Controle
Estratégico	Longo	Organização	Plano	Global
Tático	Médio	Setor	Programas	Setorial
Operacional	Curto	Operação	Projetos/Atividades	Específico

Nas ONGs, o controle estratégico é realizado nos encontros de avaliação externa, que têm um caráter geral e abrangente. O controle tático tem como maior preocupação os aspectos financeiros, dando pouca ênfase ao controle de acompanhamento, destinado a analisar o desempenho de cada área ou unidade. Com relação ao controle operacional, constatamos que, apesar de as reuniões frequentes entre os membros da ONG terem este objetivo, têm servido muito mais para conferir o andamento dos projetos do que para tomar medidas corretivas.

Fases do controle

Como se verificou, a função controle não é realizada sem critérios. Deve passar por uma etapa de planejamento na qual seja estabelecida uma sequência lógica que garanta a identificação de desvios com relação ao planejado, de objetivos ambiciosos ou tímidos demais, bem como de problemas não detectados na fase de planejamento.

Em linhas gerais, o processo de controle é constituído por quatro fases fundamentais, a saber:

1. Estabelecimento de padrões de desempenho.
2. Mensuração dos resultados.
3. Comparação do desempenho real com o padrão estabelecido.
4. Adoção de ações corretivas.

Fases do controle

```
┌─────────────────────────────────────────────────────┐
│     ┌─────┐                                         │
│     │  1  │                                         │
│     └─────┘                                         │
│                         ┌─────┐      ┌─────┐        │
│                         │  3  │──────│  4  │        │
│                         └─────┘      └─────┘        │
│     ┌─────┐                                         │
│     │  2  │                                         │
│     └─────┘                                         │
│          ◄──── Retroalimentação ◄────               │
│                                          Tempo ───► │
└─────────────────────────────────────────────────────┘
```

A seguir, serão analisadas cada uma das fases que compõem a função controle.

Estabelecimento de padrões de desempenho

No desenvolvimento de um processo de controle, a primeira fase é estabelecer padrões de desempenho. Padrões são os elementos que servem de base de comparação entre os resultados desejados e os resultados efetivamente alcançados.

A partir da definição dos objetivos e do estabelecimento de indicadores, conforme descrito na seção "Definição de objetivos" do capítulo 3, pode-se pensar em definir um padrão de desempenho. Por exemplo:

Objetivo:	❏ aumentar o intercâmbio com outras organizações
Indicador:	❏ número de parceiros novos incorporados à ONG ano a ano
Padrões:	❏ incorporar entre X e Y parceiros por ano ❏ consumir X horas/homem ao ano nesta tarefa

Segundo Enrègle e Thiétart,[25] os padrões devem ser mais de um, mas não muitos. Isto porque o excesso de informações acaba dispersando a atenção dos responsáveis pela organização, resultando em desperdício de tempo, dinheiro e pessoal, e impedindo uma ênfase maior nas variáveis que merecem um controle mais próximo. No intuito de evitar um acúmulo desnecessário de dados, sugere-se que sejam selecionados padrões que representem não apenas uma, mas um conjunto de operações. Assim, por exemplo, por meio do acompanhamento das variações da taxa de absenteísmo, é possível ter uma indicação do nível de satisfação do pessoal e, indiretamente, concluir sobre as condições de trabalho na organização.

Os principais tipos de padrões existentes são:[26]

❏ *padrões de quantidade*: quantidade de produtos ou serviços, volume de vendas, número de empregados, número de beneficiários etc.;
❏ *padrões de qualidade*: qualidade dos produtos, dos serviços etc.;
❏ *padrões de tempo*: tempo de processamento dos pedidos, datas-limite para o término de atividades etc.;
❏ *padrões de custo*: custos diretos e indiretos da produção, custo-benefício de um novo equipamento, custo de treinamento, custo de transporte etc.

Assim, no caso do trabalho social desenvolvido pelas ONGs, poderíamos falar, por exemplo:

---

[25] Enrègle e Thiétart, 1978:299-300.
[26] Chiavenato, 1985:313.

Objetivo:	❑ alfabetizar adultos	
Indicador:	❑ 100 adultos alfabetizados em um ano	
Padrões:	❑ alfabetizar entre 90% e 110% do previsto, isto é, 100 adultos	⇒ padrão quantitativo e de tempo
	❑ gastar 10% a mais ou a menos do que o previsto no orçamento	⇒ padrão quantitativo e de custo

Objetivo:	❑ construir uma creche em seis meses	
Indicador:	❑ (o objetivo já contém indicadores)	
Padrões:	❑ construí-la em no mínimo cinco meses e no máximo de um ano	⇒ padrão de tempo
	❑ envolver a comunidade no projeto de construir a creche	⇒ padrão qualitativo

Em outras palavras, os padrões definem o patamar a partir do qual o desempenho é considerado condizente com as expectativas criadas quando da formulação dos objetivos.

É importante ressaltar que os padrões não devem ser considerados sob uma ótica excessivamente rígida, uma vez que podem ocorrer variações inesperadas no contexto, devendo, portanto, haver uma faixa de tolerância e de adaptabilidade dos padrões antes que sejam postas em prática medidas corretivas. Inversamente, os padrões não devem ser modificados a todo momento, pois a perda de referencial quanto ao que se objetiva alcançar significa o fim da possibilidade de controle, que é uma atividade essencialmente comparativa. É necessário, portanto, bom senso e visão estratégica para discernir entre situações que apontem para uma modificação aceitável dos padrões e situações que demandem a adoção de medidas de correção de rumo.

Os padrões qualitativos, não menos importantes que os quantitativos, são mais difíceis de estipular e aferir. O fato de não serem expressos em números incorpora um novo elemento que dificulta a sua utilização: a subjetividade. O controle de variáveis tais como qualidade de um produto ou serviço, higiene pessoal, cordialidade entre os funcionários, qualidade do atendimento aos beneficiários, impacto de uma campanha educativa está sujeito a uma avaliação subjetiva e que, portanto, pode ter múltiplas e controvertidas interpretações. Por isso existe a tendência de se privilegiar os elementos quantificáveis em detrimento dos qualitativos.

De modo geral, as atividades desempenhadas pelas ONGs são controladas utilizando-se padrões do tipo quantitativo e qualitativo. Quando, por exemplo, uma ONG atua junto a uma comunidade com o intuito de ajudar seu desenvolvimento econômico e social, são fixados alguns objetivos. Se for decidida a construção de n casas em regime de mutirão, ao final do período será possível constatar se o número pretendido de casas foi alcançado. Da mesma forma, se a meta for reduzir a mortalidade infantil para um nível t, é fácil verificar seu sucesso ou fracasso. Mas, como medir a participação, a conscientização política e a satisfação? Nesses casos, apela-se para meios indiretos que forneçam uma visão aproximada da realidade. Assim, a elevação da frequência dos moradores nas reuniões e demais atividades promovidas pela ONG demonstra, aparentemente, um nível maior de participação. Já o engajamento dos beneficiários poderá ser avaliado a partir da experiência acumulada dos técnicos que desenvolvem trabalhos com comunidades e das futuras ações a serem empreendidas.

Sejam os padrões quantitativos ou qualitativos, há sempre alguma dificuldade em estabelecê-los, porque, em última análise, eles servirão para avaliar o desempenho dos dirigentes e técnicos, enfim, das pessoas responsáveis por atividades e projetos. No estabelecimento de padrões pode-se utilizar a experiência passada e a de outras organizações semelhantes.

Mensuração dos resultados

Tendo sido definidos os objetivos e os indicadores e padrões de desempenho almejados, passa-se à segunda etapa do processo de controle: a mensuração dos resultados.

Para que seja possível efetuar o controle, as unidades de mensuração das atividades devem ser as mesmas estabelecidas para os padrões de desempenho. Essa medida visa a facilitar a comparação entre o desempenho efetivo e o padrão de desempenho desejado.

Enrègle e Thiétart[27] apontam quatro características que devem estar presentes na mensuração dos resultados: ser útil, precisa, atual e econômica. Em primeiro lugar, a mensuração dos resultados só será *útil* para fins de controle, se propiciar condições para que os gestores deem início, caso necessário, a uma ação corretiva apropriada. Para tanto, esta deve poder ser analisada de maneira simples e ser aproveitada pelos responsáveis, a fim de gerar um comportamento coerente com os objetivos perseguidos pela organização.

A mensuração dos resultados deve ser *precisa*, ou seja, deve representar o fenômeno observado de maneira exata, revelando de forma adequada as eventuais variações em relação ao esperado. Para que os resultados possam ser comparados ao longo do tempo, estes devem ser medidos sempre de maneira homogênea.

Uma mensuração feita com *atraso* tem muito pouca utilidade para a organização. A dinâmica do mundo atual faz com que informações obtidas após um lapso de tempo deixem rapidamente de ter valor no que concerne a ajustes nas atividades organizacionais. Podem, inclusive, gerar ações corretivas inócuas ou até mesmo prejudiciais, por considerarem um cenário que já não existe mais. Um relatório contendo dados da execução não deve servir de registro de fatos passados, e sim ser encarado como ponto de partida para as ações futuras.

A mensuração dos resultados deve ser *econômica*. A decisão de realizar ou não o controle sobre determinado elemento está sujeita a uma análise da relação custo-benefício dessa decisão. Isto porque pôr em prática a função controle implica gastos com obtenção de informações, despesas com pessoal e material que, no conjunto, constituem o chamado custo do controle. Pôr na balança os custos e os benefícios do "controle" e do "não controle" é que irá definir a estratégia de ação. Havendo possibilidade de controle através de amostras, o custo será menor, o que dará condições de acompanhar um maior número de itens.

Outra alternativa é deter-se no controle de grandes números, como por exemplo atividades e rubricas do orçamento que representam maiores gastos, ocupando-se de detalhamentos apenas quando houver discrepâncias profundas. Por exemplo: vale a pena instituir um controle sobre o consumo de lápis, se este representa apenas 0,5% do custo total, enquanto os deslocamentos urbanos representam 20%?

---

[27] Enrègle e Thiétart, 1978:303-304.

Outra questão é como realizar a mensuração dos resultados. Pode-se empregar uma série de meios nessa tarefa, dependendo de cada caso:

- *Observação direta e contato pessoal*: feitos, por exemplo, pelo coordenador sobre as atividades de seus subordinados. A vantagem deste método é permitir uma rápida percepção da situação atual e dos problemas em gestação. O contato pessoal facilita a comunicação e a compreensão das mensagens, reduzindo ao mínimo as interferências nos canais que ligam transmissor e receptor. Por outro lado, este procedimento de mensuração revela-se de difícil aplicabilidade em grandes organizações, onde a complexidade das atividades é elevada. No entanto, é amplamente empregado em organizações onde se verifica uma homogeneidade maior nos seus procedimentos.

- *Métodos automáticos*: proporcionam um incremento na precisão e na rapidez da mensuração, muitas vezes substituindo o homem neste papel ou desempenhando uma função que está além das possibilidades do ser humano. Um sonar, por exemplo, é capaz de fornecer informações sobre regiões submarinas que o homem não pode atingir. Nesse mesmo sentido, as empresas de tecnologia da informação desenvolveram uma série de programas que medem o funcionamento de operações, permitindo a identificação instantânea de disfunções.

- *Relatórios orais e escritos*: constituem uma forma habitual de mensuração de desempenho. Consistem, normalmente, no passo seguinte à observação direta, quando então são sistematizadas e transmitidas as informações relativas ao objeto observado. Os relatórios de controle possibilitam um maior detalhamento e por isso são de grande valia na mensuração dos padrões qualitativos que exigem tratamento mais flexível e analítico. Por outro lado, o emprego de relatórios facilita a circulação das informações no interior da organização, contribuindo para uma maior transparência e democratização de suas atividades. As ONGs teriam nos relatórios de controle um meio eficaz de socializar e de pôr em discussão os resultados de seu trabalho.

- *Gráficos e tabelas*: permitem a representação de situações muitas vezes complexas e cuja compreensão seria dificultada sem a sua utilização. Gráficos e tabelas facilitam o processo de comparação de resultados no tempo e no espaço, sobretudo os de natureza quantitativa. Em muitos casos, estão presentes em relatórios, complementando-os com o objetivo de confirmar, ilustrativamente, as afirmações e conclusões obtidas.

- *Testes com amostras*: em situações em que as características do objeto a ser mensurado permitem a seleção de amostras representativas do universo em questão.

Comparação do desempenho real com o padrão estabelecido

A terceira fase do processo de controle reveste-se de grande importância para a continuidade da atividade ou do projeto. É a partir da comparação entre o desempenho mensurado e o padrão proposto que a organização define se são necessárias ações corretivas e quais estas devem ser. É um momento crucial, pois, a partir do diagnóstico que será feito e das decisões a serem tomadas, a organização terá a oportunidade de corrigir falhas e até mesmo tomar outra direção.

Ao realizarem a comparação entre o desempenho real e o desejado, os responsáveis pelo controle irão se deparar com uma série de situações distintas, que merecerão tratamento diferenciado quando da última fase do processo de controle, ou seja, quando da adoção de medidas corretivas. Analisemos, pois, as principais conjunturas que podem ser encontradas no cotidiano de uma organização.

- *Desempenho real igual ao planejado*: é a situação perseguida pelas organizações. É quando ocorre a perfeita simetria entre os objetivos definidos na etapa do planejamento das atividades e os resultados efetivamente alcançados. Contudo, é de difícil consecução, uma vez que fatores não controláveis atuam, produzindo condições inesperadas que tendem a afastar o realizado do planejado.

Desempenho real igual ao planejado

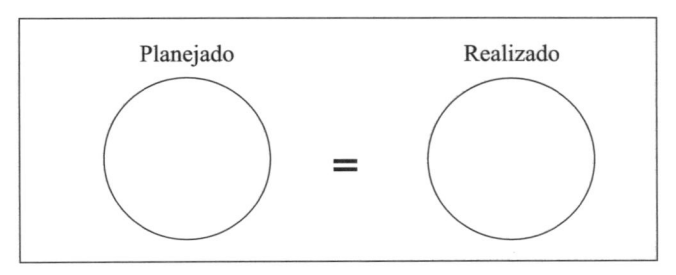

- *Desempenho real diferente do esperado*: esta é a situação mais comumente encontrada no dia a dia das organizações. O controle identifica que uma parcela das expectativas desenvolvidas na fase do planejamento se concretizou, enquanto uma outra não foi alcançada. Entre as razões para esse resultado, apenas em parte satisfatório, podem ser destacados:
    - planejamento realizado tomando por base diagnóstico situacional e/ou escolha de estratégias equivocados;
    - modificações, controláveis ou não, que não foram devidamente levadas em conta quando da implementação das atividades, gerando desvios de rota que resultaram num afastamento com relação ao planejamento original;
    - surgimento de fatos imprevisíveis, que afetaram os resultados.

À medida que diminui a área de contato entre o desempenho planejado e o realizado, maior é a necessidade de medidas corretivas das atividades da organização (ver figuras *a*, *b*, e *c*). A ausência de pontos de interseção entre os círculos atesta uma situação-limite, em que o distanciamento entre os desempenhos esperado e realizado é total (ver figura *d*).

Desempenho real diferente do esperado

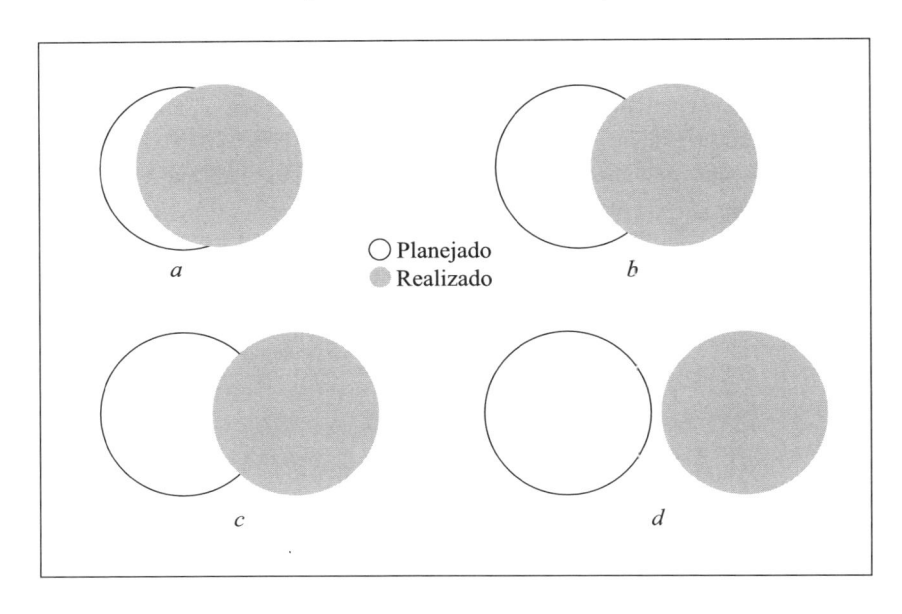

❑ *Desempenho esperado ambicioso*: trata-se de um quadro em que a organização se equivoca, estabelecendo objetivos de desempenho ambiciosos, que ultrapassam sua capacidade de realização. As razões para um comportamento dessa natureza podem ser as seguintes: a) erros no diagnóstico estratégico, gerando, em consequência, um planejamento que considera um cenário e padrões de desempenho mais favoráveis do que os deparados de fato pela organização; b) planejamento com objetivos excessivamente agressivos, resultando num esforço intenso e superior à capacidade existente. Como resultado, verifica-se que somente uma fração do planejamento estabelecido foi realmente alcançada. Nesses casos, o controle atua no sentido da reformulação dos indicadores de desempenho propostos, a fim de que estejam mais de acordo com as reais dimensões e potencialidades da organização.

Desempenho esperado ambicioso

○ Planejado
● Realizado

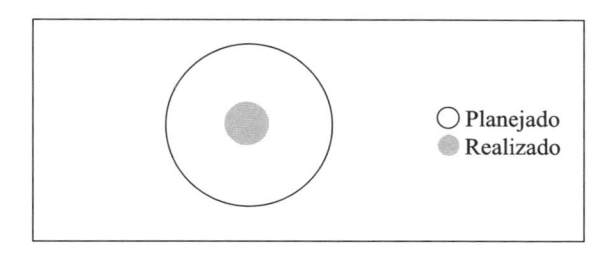

❑ *Desempenho esperado tímido*: refere-se aos casos em que os níveis de desempenho fixados estão aquém das possibilidades de realização da organização. Um comportamento de tal natureza pode ser explicado por um planejamento cauteloso, que empurre para baixo os indicadores de desempenho esperado. O resultado é que o desempenho fixado a partir de uma postura defensiva é facilmente superado pelas reais condições encontradas na prática e que não confirmam as expectativas quando da elaboração do planejamento. O controle serve de instrumento para que sejam reavaliadas as metas anteriormente definidas e para que haja uma sintonia maior entre o que a organização pode fazer e o que os contextos externo e interno permitem que seja feito.

Desempenho esperado tímido

○ Planejado
● Realizado

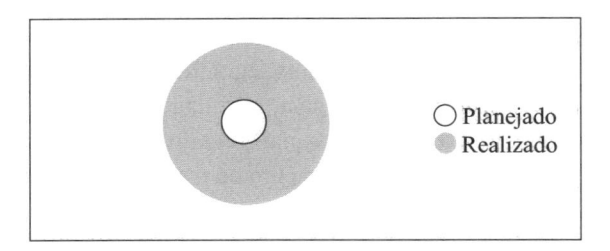

Adoção de ações corretivas

De acordo com Maximiano,[28] as ações corretivas são sempre necessárias, pois compreendem "tanto a correção propriamente dita de erros quanto o reforço do bom desempenho". Embora reconhecendo que o bom desempenho também deva ser alvo da atenção dos administradores, justamente no intuito de evitar sua transformação em mau desempenho, as ações corretivas aqui analisadas estarão relacionadas à eliminação de desvios percebidos.

Três características devem estar presentes quando da implementação de medidas corretivas: a precisão, a rapidez e a adaptabilidade. A *precisão* é fundamental para que as medidas corretivas atuem sobre os pontos críticos, não se perdendo em aspectos secundários ou preocupando-se com desvios que se encontrem dentro de uma margem de erro aceitável. A *rapidez* é outra qualidade essencial. No que diz respeito à demora de pôr em prática medidas corretivas, pode significar o comprometimento de toda a eficácia esperada. Finalmente, a ação corretiva deve ser *adaptável*, ou seja, sua intensidade deve ser ajustada ao grau do desvio em questão. Uma ação demasiadamente forte ou débil pode provocar o surgimento de outros desvios.

A partir da comparação entre os desempenhos esperado e realizado, chega-se ao momento da decisão sobre se devem ou não ser adotadas medidas corretivas. São quatro as possibilidades para uma organização:

---

[28] Maximiano, 1987:279.

- *nada fazer*: trata-se de situações em que o desempenho observado corresponde ao esperado, não havendo motivação para ajustes no processo. Todavia, como já foi visto, uma correspondência perfeita entre o esperado e o realizado é quase impossível, pela imprevisibilidade reinante. Caso se conclua que as variações observadas com relação ao planejado decorreram de algum fenômeno conjuntural ou de acidentes de percurso e que o desvio verificado se encontra dentro de um limite de tolerância preestabelecido, não há necessidade de dar início à utilização de medidas corretivas;

- *modificação no nível de desempenho esperado*: a organização pode estar desempenhando suas atividades de maneira eficiente, não havendo, portanto, razão para modificações nos processos desenvolvidos. Nesse caso, as discrepâncias com relação ao planejado são fruto da fixação de níveis de desempenho brandos ou pretensiosos demais, sendo necessária a revisão dos mesmos;

- *atuação sobre a execução das atividades*: quando têm certeza de que os desvios observados no desempenho real não são resultantes de erros no momento do planejamento, os controladores devem voltar sua atenção para a correção de falhas ao longo do processo de execução das atividades;

- *alteração no sistema de mensuração dos resultados*: os responsáveis pelo controle podem dar início a uma ação corretiva que atue sobre o próprio sistema de mensuração. Assim, a decisão pode recair sobre modificações no tipo de instrumento de mensuração (por exemplo, utilização da informática), em sua periodicidade (por exemplo, substituição de relatórios mensais por relatórios quinzenais) e em sua intensidade (por exemplo, aumento ou redução do número de variáveis sujeitas a controle).

Métodos e técnicas de controle

As fases do controle descritas na seção anterior compõem, em linhas gerais, um roteiro básico no qual as organizações devem se basear para obter desempenho satisfatório nesta função. No entanto, as formas de operacionalização do controle variam de acordo com o tipo de atividade que se deseja acompanhar. Uma série de técnicas e instrumentos foi desenvolvida para atender a essa necessidade, mas, devido à sua multiplicidade, serão examinadas aqui apenas aquelas que podem ser aproveitadas de imediato pelas ONGs.

Controle das atividades ao longo do tempo

O controle da dimensão tempo pelas ONGs merece atenção especial. No nível estratégico, as ONGs devem estabelecer seu plano, levando em conta sua dependência em relação às fontes financiadoras. Os recursos provenientes destas fontes são limitados em vários sentidos, inclusive no que diz respeito ao fator tempo. Como as verbas são obtidas pelas ONGs a intervalos de tempo, o planejamento das atividades deve adequar-se a essa situação. Em termos táticos, é muito comum as ONGs desenvolverem vários projetos simultaneamente, o que deve implicar um esforço organizacional de coordenação das várias atividades, a fim de procurar estabelecer a harmonia temporal entre os diversos programas e projetos. Quanto ao nível operacional, cada projeto deve ter suas atividades desmembradas em etapas ordenadas e compatíveis entre si. A elaboração de uma programação consistente, que considere a lógica sequencial entre as diversas etapas, é fundamental para evitar descompassos e paralisações na execução das tarefas.

As organizações que perseguem seus objetivos e cumprem sua missão através de projetos devem, antes de mais nada, desmembrá-los em etapas que facilitem o controle. O cronograma ou gráfico de Gantt é uma estrutura simples, que possibilita relacionar as diversas atividades ao longo do tempo, conforme se viu no capítulo 3. As atividades são dispostas no eixo vertical, ficando a dimensão temporal (dias, semanas, meses etc.) no eixo horizontal. Utilizando-se barras distinguíveis entre si, faz-se a correlação entre a evolução esperada e a evolução real de cada atividade no decorrer do tempo. Este é um instrumento de planejamento e de controle para processos que não apresentam grande número de tarefas interdependentes, tendo como aspectos positivos a facilidade de identificar os desvios e a possibilidade de dar início a correções que visem à colocação de freios ou aceleradores no processo em andamento. No caso de projetos mais complexos, já se encontram disponíveis no mercado métodos automatizados para elaboração de cronogramas.

Nas ONGs, o cronograma é utilizado para visualizar a execução de determinado programa ou projeto ao longo do tempo de financiamento do mesmo, servindo de controle para seus dirigentes e agências financiadoras. Este instrumento, porém, deveria ser mais disseminado para fins de gerenciamento de projetos, possibilitando a alocação mais racional de recursos.

Utilizando o exemplo relativo à ONG *Cooperando*, apresentaremos a seguir o cronograma como instrumento de controle.

Função Controle

Controle das atividades ao longo do tempo: cronograma
Projeto Educação Cooperativa do Norte Fluminense
Cronograma de Trabalho

Responsável: Saulo do Amaral   Apoio: Fabiana Soares

Atividades	Duração total (mês)		Meses											
			1	2	3	4	5	6	7	8	9	10	11	12
1. Identificar as entidades de classes locais ou associações	2	P	■	■										
		R												
2. Contatar líderes e responsáveis	2	P		■	■									
		R												
3. Preparar material de divulgação	2	P		■	■									
		R												
4. Preparar reuniões (convocação, local)	3	P			■	■								
		R												
5. Realizar reuniões de divulgação	3	P				■	■							
		R												
6. Registrar participantes	3	P				■	■							
		R												
7. Avaliar reuniões	3	P					■	■						
		R												
8. Preparar reuniões de adesão	3	P								■	■			
		R												
9. Realizar reuniões de adesão	3	P									■	■		
		R												
10. Avaliar reuniões	4	P										■	■	
		R												
11. Elaborar relatório do projeto	2	P											■	■
		R												

P — planejado ■   R — realizado ☐

Supondo-se que estejamos no quarto mês do projeto, constatamos que as atividades 2 e 3 estão em atraso, o que implica rever o momento de convocação para as reuniões, já que estas dependem do fato de o material de divulgação estar pronto. Outra alternativa é fazer a reunião sem o material ou diminuir o prazo de realização das reuniões para dois meses, exigindo um esforço concentrado da equipe.

A partir do cronograma elaborado, o responsável pelo projeto pode acompanhá-lo e tomar as medidas corretivas necessárias. Para tal, o cronograma precisa ser analisado pelo menos uma vez por mês. Caso contrário, será um instrumento estático, cuja única utilidade é ter servido para planejamento.

Controle orçamentário

As organizações — públicas ou privadas, com ou sem fins lucrativos — necessitam proceder a um controle orçamentário. A partir de orçamentos, que expressam em termos monetários as receitas e as despesas programadas para determinado período, as organizações podem efetuar a comparação entre receitas e despesas efetivas e planejadas, verificando a existência de diferenças entre ambas e, assim, implementar as medidas corretivas cabíveis.

O controle orçamentário tem, entre suas vantagens, a característica de ser também um controle *ex ante*. A análise comparativa do orçamento com os objetivos e metas organizacionais possibilita a constatação da existência ou não das condições e dos recursos necessários para pôr em prática os projetos. A percepção de barreiras internas ou externas pode significar economia de esforços e a possibilidade de ajustes nos objetivos e nas metas em tempo hábil, antes que estes saiam do papel.

A partir de um levantamento realizado em um conjunto de ONGs, verificou-se que elas utilizam com maior frequência o orçamento por tipo de recurso, isto é, classificam as despesas em categorias, como pessoal, encargos sociais, material, conforme se viu no capítulo 3, atendendo às exigências das agências financiadoras ou conveniadas.

Quando o orçamento não é desdobrado em projetos, não se tem conhecimento da eficiência de cada projeto em termos de gastos, o que gera muitas vezes distorções do quadro efetivo. Como exemplo, podemos citar uma ONG que desenvolveu um programa composto por oito projetos a partir de um orçamento anual por tipo de recurso. Após este prazo, observou-se que o orçamento previsto havia sido suficiente para que se atingissem os objetivos estabelecidos para o programa. Contudo, a falta de um orçamento para cada projeto impossibilitou que se avaliasse se os recursos haviam sido despendidos eficientemente pelos responsáveis de cada projeto. Uma análise mais minuciosa permitiu constatar que, na verdade, os projetos não haviam se comportado de maneira homogênea. Enquanto uns haviam sido mais eficientes do que o esperado, outros apresentaram desempenho aquém do desejado. Logo, o resultado que indica o sucesso do programa fornece apenas o desempenho médio dos projetos, mascarando a presença de falhas neste ou naquele projeto. É necessário, portanto, que as ONGs se preocupem em formular orçamentos por projetos, de modo a evidenciar se projetos com desempenho insatisfatório foram contrabalançados por outros que tiveram rendimento acima das expectativas, conforme descrito no item orçamento por produto do capítulo 3.

Nos sistemas orçamentários modernos, o foco unidimensional, voltado para a estrutura econômica da alocação de recursos — orçamento por tipo de recurso —, é substituído pela valorização da estrutura de programação — orçamento por produto —, o que possibilita uma percepção mais precisa dos gastos e da eficiência de cada projeto. Como salienta Cunha,[29] "é indispensável que o sistema contábil contenha a dimensão programática como elemento estrutural. Só assim, a contabilidade, em consonância com o sistema orçamental, poderá mostrar os compromissos assumidos, os recursos utilizados e a execução financeira associados com os constantes da estrutura de programação da organização (os programas, subprogramas, projetos, atividades etc.)".

Estrutura para alocação de recursos
Recursos orçamentais disponíveis
(R$ 100.000)

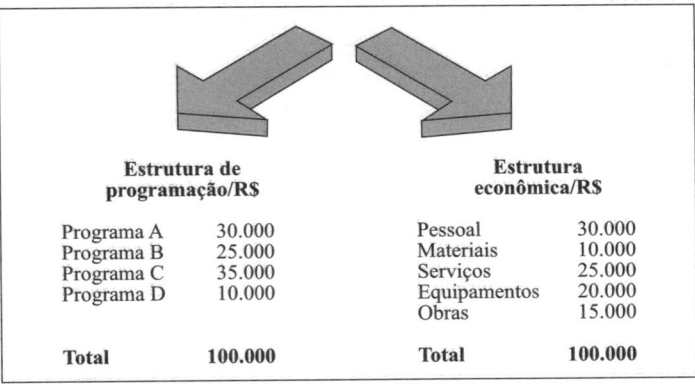

Estrutura de programação/R$		Estrutura econômica/R$	
Programa A	30.000	Pessoal	30.000
Programa B	25.000	Materiais	10.000
Programa C	35.000	Serviços	25.000
Programa D	10.000	Equipamentos	20.000
		Obras	15.000
Total	**100.000**	**Total**	**100.000**

Fonte: Baseado em Cunha, 1994:252.

---

[29] Cunha, 1994:251.

Ao controle orçamentário estão relacionados dois pontos fracos que limitam seu êxito. Em primeiro lugar, observa-se uma tendência dos orçamentos focalizarem as variáveis mais facilmente mensuráveis em termos monetários, gerando uma compreensão incompleta e muitas vezes errônea dos motivos pelos quais ocorrem desvios entre o planejado e o realizado. Em segundo lugar, há o equívoco em se formular orçamentos estáticos que seguem imutáveis ao longo de todo o período orçamentário, sem acompanhar as mudanças requeridas pelo mundo em movimento.

Pode-se concluir, a partir dos dois aspectos considerados na figura, que o controle orçamentário é apenas um entre vários mecanismos com os quais as ONGs podem contar para mapear o andamento e os resultados de suas atividades. O controle orçamentário não deve ser apenas um instrumento de controle de início ou fim de processos. Sua utilização no desenrolar dos projetos é fundamental para a revisão de metas e para a adequação dos projetos a essas novas metas.

Exemplo de orçamento por tipo de recurso — ONG *Cooperando*

DESPESAS	Valor esperado	Valor realizado	Diferença (E – R) %
1. PESSOAL 1.1 Pessoal técnico 1.2 Pessoal administrativo			
2. ENCARGOS SOCIAIS 2.1 Pessoal técnico 2.2 Pessoal administrativo			
3. MATERIAL DE CONSUMO 3.1 Escritório 3.2 Manutenção predial			
4. Material didático e de divulgação			
5. Investimento em infraestrutura			
TOTAL			

FUNÇÃO CONTROLE 117

RECEITAS	Valor esperado	Valor realizado	Diferença (E – R) %
1. DOAÇÕES			
1.1 Entidade *x*			
1.2 Entidade *y*			
2. RECURSOS PRÓPRIOS			
TOTAL			

Exemplo de orçamento por produto — ONG *Cooperando*

DESPESAS	Valor esperado	Valor realizado	Diferença (E – R) %
A. Programa de Educação Cooperativa			
1. PESSOAL			
1.1 Pessoal técnico			
1.2 Pessoal administrativo			
2. ENCARGOS SOCIAIS			
2.1 Pessoal técnico			
2.2 Pessoal administrativo			
3. MATERIAL DIDÁTICO E DE DIVULGAÇÃO			
B. Programa de Assistência Jurídica e Gerencial			
1. PESSOAL			
1.1 Pessoal técnico			
1.2 Pessoal administrativo			
2. ENCARGOS SOCIAIS			
2.1 Pessoal técnico			
2.2 Pessoal administrativo			
3. MATERIAL DIDÁTICO E DE DIVULGAÇÃO			
N. Atividades de Infraestrutura e de Apoio			
1. MATERIAL DE CONSUMO			
1.1 Escritório			
1.2 Manutenção predial			
2. INVESTIMENTO EM INFRAESTRUTURA			
TOTAL			

RECEITAS	Valor esperado	Valor realizado	Diferença (E – R) %
A. Programa de Educação Cooperativa			
1. DOAÇÕES			
1.1 Entidade x			
1.2 Entidade y			
2. RECURSOS PRÓPRIOS			
B. Programa de Assistência Jurídica e Gerencial			
1. DOAÇÕES			
1.1 Entidade x			
1.2 Entidade y			
2. RECURSOS PRÓPRIOS			
N. Atividades de Infraestrutura e de Apoio			
1. DOAÇÕES			
1.1 Entidade x			
1.2 Entidade y			
2. RECURSOS PRÓPRIOS			
TOTAL			

O acompanhamento mensal das entradas e saídas de recursos financeiros possibilita analisar o comportamento das receitas e despesas, fazendo com que se tomem decisões sobre o adiamento ou não de projetos, cortes de gastos e outras.

Como vimos, o cronograma e o orçamento são instrumentos tanto de planejamento quanto de controle. Para fins de controle, os dados relativos à execução das tarefas no tempo, à utilização de recursos e a entrada de dinheiro devem ser acompanhados periodicamente, em geral uma vez por mês, de forma a possibilitar a tomada de decisões corretivas, como se mencionou anteriormente.

Avaliação de desempenho

O objetivo último do controle é avaliar o desempenho organizacional ou das pessoas que trabalham na organização, a partir de padrões estabelecidos formal ou informalmente, implícitos ou explícitos.

A avaliação do desempenho organizacional procura analisar como a organização e suas unidades tiram proveito dos recursos de que dispõem, como reagem às oportunidades e às ameaças do contexto e quanto dos objetivos tem sido alcançado. Através do estabelecimento de mecanismos de controle a organização pode avaliar a eficiência, a eficácia e a efetividade de suas ações.

O cronograma, como o orçamento, é um instrumento que serve para avaliar a eficiência na utilização de recursos e a eficácia no alcance dos objetivos. Por exemplo: um projeto que tenha sido concluído antes do tempo previsto, utilizando a mesma quantidade de homens/hora e material, é tido como eficiente.

Cabe lembrar que a eficiência, a eficácia e a efetividade são medidas comparativas. Comparamos o planejado com o realizado, comparamos um projeto com outro, a realização presente e a passada de um mesmo projeto, os resultados alcançados por organizações semelhantes com os resultados de nossa organização. Essa avaliação serve para alimentar o planejamento do ano seguinte.

Outra avaliação refere-se ao desempenho das pessoas nas organizações. Este tema é bastante controverso, tendo em vista o uso que se faz da avaliação e seus efeitos sobre o moral das pessoas, e a incapacidade de os instrumentos de avaliação existentes estabelecerem critérios objetivos.

A avaliação do desempenho de recursos humanos consiste em comparar o desempenho do indivíduo num determinado período de tempo, normalmente um ano, com o desempenho esperado ou padrão.

Na prática, a avaliação do desempenho cria uma expectativa de promoção, entendida como recompensa financeira a qual alguns funcionários terão direito e outros não. Neste ponto repousa a dificuldade maior da avaliação, pois se não houver critérios claros, aceitos pela maioria, surgem entre os funcionários os sentimentos de injustiça e insatisfação.

Na verdade, a avaliação deveria ser utilizada para identificar necessidades de treinamento, de melhoria de condições de trabalho, de deslocamento de pessoas de forma a adequar suas habilidades às tarefas, constituindo-se num instrumento valioso, se entendido como uma atividade a ser desempenhada por um gerente preocupado com sua equipe de trabalho e com os objetivos que deve alcançar, independentemente de ser um instrumento formalizado pela organização.

A avaliação do desempenho, seja qual for o tipo de organização, não deve ser considerada uma tarefa trivial. No caso das ONGs, essa atividade torna-se ainda mais complexa, tendo em vista dois aspectos particulares: o *grau de informalidade* que marca os relacionamentos nessas organizações e a *hetero-*

geneidade quanto às aspirações e interesses que motivam os diversos grupos que as integram.

O grau de informalidade existente entre os membros das ONGs tem como consequência positiva maiores participação, coesão em torno dos objetivos a serem alcançados, facilidade de comunicação e flexibilidade na negociação de recursos. Por outro lado, cria uma enorme dificuldade para avaliar o trabalho do colega, pelo temor de provocar ressentimentos ou mágoas de qualquer natureza.

Com relação à heterogeneidade do quadro de pessoal que trabalha numa ONG, identificamos a presença de três grupos básicos: os dirigentes, o pessoal técnico e o pessoal administrativo.

Os dirigentes formam um grupo com elevado grau de idealismo e encontram no trabalho desenvolvido pelas ONGs o espaço e a chance de trabalhar por transformações que acreditam possibilitar a criação de uma sociedade mais justa e mais democrática. Este grupo está motivado por um ideal e sua preocupação é alcançá-lo. A avaliação de seu desempenho é obtida pelo reconhecimento do trabalho que realizam, seja pelos beneficiários de suas ações, seja pelas agências de financiamento e órgãos conveniados.

Os técnicos, assim como os dirigentes, são profissionais de nível superior, muitos com curso de pós-graduação, mestrado ou doutorado, que participam da elaboração e do desenvolvimento dos projetos. Os técnicos podem ser tanto membros efetivos do quadro funcional, quanto contratados especificamente para atuar em determinados projetos. Entre os requisitos considerados na seleção dos técnicos destacamos a experiência acumulada do candidato na área desejada. Além da comprovação dessa experiência, as ONGs se preocupam em examinar a proposta de trabalho. Tal como os dirigentes, sua maior motivação é a missão da ONG, muito embora desejem ver seu trabalho diferenciado e reconhecido.

O terceiro e último grupo é composto pelo pessoal administrativo ou de apoio, cujo papel é fornecer suporte para a operacionalização das atividades e dos projetos da ONG. Ao contrário dos dirigentes e de boa parte dos técnicos, o pessoal administrativo, salvo exceções, engaja-se nessas organizações com o objetivo fundamental de atender às suas necessidades de sobrevivência. Isso significa que trabalharão na organização que oferecer melhores condições salariais e de crescimento profissional. Para este grupo, é desejável uma avaliação que resulte em ganhos salariais. Em outras palavras, são motivações distintas que alimentam o trabalho dos dirigentes e parte dos técnicos, de um lado, e do pessoal administrativo, de outro.

Não obstante essas limitações, a avaliação de desempenho é um instrumento útil à gestão das organizações, daí a importância de pensarmos em introduzi-la nas ONGs. A seguir, apresentamos os passos básicos a serem seguidos num processo de avaliação de desempenho:[30]

- negociação de desempenho;
- análise da capacitação profissional e das condições de trabalho;
- acompanhamento do desempenho;
- avaliação do desempenho.

As duas primeiras fases do processo de avaliação do desempenho ocorrem simultaneamente. A primeira é o momento propício para deixar claro o que a organização espera de seus componentes em termos de atribuições. É, portanto, a hora de se estabelecer padrões de desempenho que poderão ser mensurados posteriormente e avaliados, a fim de se verificar a adequação entre o que se esperava em termos de desempenho e o que ocorreu na prática. Na segunda, trata-se de identificar possíveis entraves ao desempenho esperado, seja em termos de qualificação profissional, seja quanto à adequação de instalações e equipamentos ou à existência de outros recursos.

O acompanhamento do desempenho, terceira fase do processo, consiste na avaliação periódica da atuação individual e coletiva, de modo a identificar os aspectos positivos e negativos relacionados ao desempenho dos recursos humanos. O principal instrumento para que se efetue esse acompanhamento são as reuniões, onde, através do diálogo e da participação, é possível realizar uma análise sistemática do desempenho dos recursos humanos e de como as responsabilidades estão sendo assumidas. As reuniões de acompanhamento podem ser bimestrais, trimestrais ou mesmo semestrais. A frequência deve ser compatível com as necessidades e as especificidades de cada organização.

Finalmente, na avaliação de desempenho, última fase do processo, é efetuada a análise global e definitiva entre os resultados obtidos e o desempenho esperado. Trata-se de um momento importante, pois as conclusões tiradas servirão de indicadores para desencadear ações sobre os recursos humanos. O processo avaliativo pode fazer transparecer, por exemplo, a necessidade de contratar novos profissionais, de promover cursos de treinamento e de realocar pessoal em determinadas áreas. Enfim, a avaliação de desempenho é o instrumento capaz de identificar os pontos fortes e fracos da organização em termos

---

[30] Lucena, 1992.

de recursos humanos, devendo também apontar as medidas a serem tomadas para torná-la apta a alcançar seus objetivos.

A tarefa de controlar o quadro de pessoal apresenta duas dificuldades básicas. A primeira diz respeito a como proceder à escolha dos padrões visando a aferir o desempenho do fator humano, tendo em vista a natureza predominantemente qualitativa desses recursos. A segunda, a como agir na mensuração desse desempenho, levando-se em conta as singularidades que caracterizam essa avaliação.

A solução para essas e outras questões que venham a atuar como limitadoras da eficácia do controle é difícil. O desafio que se apresenta consiste na concepção de mecanismos que conciliem padrões quantitativos e qualitativos de mensuração de desempenho. Aspectos como a pontualidade, a assiduidade e a produtividade referentes a um bem tangível têm, no controle, uma atividade relativamente simples, pois, dada a possibilidade de quantificação, são mais facilmente mensurados. Inversamente, do ponto de vista do controle qualitativo, o subjetivismo pode ser visto como uma via de mão dupla, pois, se por um lado pode ser responsável pela ocorrência de equívocos e julgamentos parciais, por outro contém elementos tais como a intuição e a experiência, que são importantes para uma compreensão mais completa do comportamento humano, não devendo ser rejeitados no processo avaliativo.

Enrègle e Thiétart[31] assinalam um conjunto de regras que deveriam compor um sistema de avaliação de desempenho e que levariam à superação das reações dos indivíduos ao controle. Entre estas regras destacam-se:

- associar controles a objetivos reconhecidos pelas pessoas controladas;
- utilizar a participação, a fim de assegurar uma boa compreensão e aceitação por parte das pessoas controladas;
- evitar a pseudoparticipação;
- facilitar a comunicação entre controladores e controlados;
- dar liberdade para que as pessoas controladas façam as modificações que considerem necessárias;
- desenvolver uma atmosfera de confiança e encorajamento;
- limitar o número de controles;

---

[31] Enrègle e Thiétart, 1978:346.

- comunicar a informação aos níveis mais baixos de decisão;
- assegurar a iniciativa da ação corretiva às pessoas diretamente responsáveis.

Além das medidas de ordem interna implementadas para obter uma resposta satisfatória de seus recursos humanos, as ONGs apresentam um outro instrumento, não quantitativo, para a percepção do desempenho de seu quadro de pessoal: através do *feedback* fornecido pelos grupos beneficiários de suas ações, as ONGs podem proceder à identificação de eventuais afastamentos com relação aos comportamentos esperados.

Informatização do controle

A utilização dos recursos da informática pelos diversos campos do saber tem sido uma prática cada vez mais corriqueira nas duas últimas décadas. As possibilidades nesta área se multiplicam, proporcionando o surgimento incessante de novos softwares, produzidos para aplicação em tarefas cada vez mais específicas. A tendência para o século XXI aponta para uma dependência cada vez maior de organizações e indivíduos para com os efeitos positivos e negativos que a expansão da informática produzirá sobre suas atividades cotidianas.

No campo da administração, a informática vem sendo explorada como instrumento facilitador de suas várias funções, entre as quais se destacam o planejamento e o controle, que não podem existir dissociados. A incorporação da informática aos processos de planejamento e controle ocorreu por intermédio das planilhas eletrônicas, que tornaram mais rápidas e menos trabalhosas tarefas antes executadas manualmente. Porém, a acirrada disputa pelo mercado promovida pelas empresas de informática, somada à obsolescência cada vez mais acelerada dos softwares e à elevação do nível de exigência dos consumidores, desencadeou a proliferação de programas cada vez mais sofisticados e complexos.

Os gerenciadores de projetos, por exemplo, são "programas elaborados para o controle de cada passo de um projeto, incluindo prazos, tarefas, pessoas responsáveis e custos".[32] Podem ser muito úteis no caso de organizações que necessitam gerenciar vários projetos simultaneamente. Servem também para o controle do orçamento e dos estoques, além de apresentarem recursos que facilitam o trabalho em grupo.

O papel relevante da informática no do processo administrativo não pode mais ser desconsiderado ou relegado a segundo plano. Tanto a precisão quanto

---

[32] Penteado, 1995:43.

a rapidez, duas das principais qualidades requeridas pelo processo de controle, são maximizadas por intermédio do uso dos recursos da informática. Além do mais, a comparação entre os objetivos traçados e os resultados obtidos fica mais clara quando são empregados gráficos, recursos de cores e outras ferramentas colocadas à disposição pela computação. Por isso, devem constar dos planos das ONGs medidas que visem à sua permanente adaptação a essa nova realidade.

Considerações sobre a função controle

Com relação à função controle, constatamos que as ONGs pesquisadas apresentavam métodos sistematizados e contínuos no que se refere a aspectos legais ligados à contabilidade e à prestação de contas e submetiam com certa frequência suas atividades à avaliação de consultores externos, provenientes de organismos financiadores e de outras organizações não governamentais.

Contudo, as atividades que realizam, voltadas para a promoção social, tendem a ser difíceis de serem acompanhadas e avaliadas por métodos meramente quantitativos, fazendo-se necessário desenvolver indicadores qualitativos.

Neste capítulo, procuramos apresentar conceitos e indicar mecanismos inerentes ao controle de gestão, cuja principal característica é a sistematização da coleta de dados, que se inicia no planejamento e vai sendo alimentada durante a execução. A ênfase no aperfeiçoamento desses mecanismos deve representar uma das prioridades das ONGs, tendo em vista os desafios que têm de enfrentar em suas relações com a sociedade e com sua ambiência interna.

Um desses desafios refere-se ao dinamismo e às condições altamente competitivas que caracterizam o ambiente com o qual as ONGs travam contato. Frente a este quadro de incertezas e de disputas por financiamentos, torna-se indispensável às ONGs a adoção de medidas gerenciais para incrementar sua capacidade de concretizar os objetivos propostos. Somente dessa forma conseguirão obter maior credibilidade junto às demais ONGs, aos beneficiários de suas ações e, sobretudo, às fontes financiadoras.

Outro desafio envolve o imperativo da transparência da gestão. As ONGs, em face de seu compromisso com conceitos ligados à ética e à democracia, têm a obrigação de instituir para si um gerenciamento cristalino, tornando as informações relativas à forma pelo qual administram seus recursos conhecidas pelo conjunto dos membros e disponíveis para a sociedade como um todo.

Assim, é fundamental o papel que a função controle tem a desempenhar, pois possibilita o acompanhamento contínuo das ações desenvolvidas, de modo a monitorar conjuntamente a relação entre a aplicação de recursos e o atingimento dos resultados pretendidos.

Considerações finais

Ao concluir este livro esperamos ter atingido o objetivo de pôr à disposição dos dirigentes de organizações não governamentais e de organizações do setor público não governamental alguns conceitos e instrumentos de gestão que viabilizem o aumento da eficiência e da eficácia nas ações por elas empreendidas. Por meio da sondagem realizada junto às ONGs, conhecemos aspectos inerentes à gestão dessas organizações, o que nos possibilitou optar por conceitos e instrumentos mais compatíveis com a realidade observada.

O livro busca preencher lacunas percebidas no que diz respeito ao exercício das funções gerenciais de planejamento, organização, direção e controle. Seu caráter é introdutório, pois não pretendeu esgotar os temas apresentados, já que cada um deles constitui uma vasta literatura a ser consultada *per se*.

Cabe ressaltar que, apesar do esforço de adequar os conceitos e instrumentos à realidade das ONGs, estes são carregados de uma lógica inerente às organizações empresariais, pois têm sua origem nesse meio. Por isso, sua utilização pelas ONGs deve se dar de forma crítica, para evitar riscos como:

- tensão entre os valores empresariais e aqueles já incorporados à sua cultura administrativa;
- burocratização de suas atividades, que pode ameaçar seus objetivos, sua identidade e sua legitimidade;
- não neutralidade das mudanças, provocando conflitos na distribuição do poder;
- atuação orientada pelo mercado.

A preocupação com esses riscos acompanhou permanentemente a elaboração deste livro, fazendo com que houvesse um esforço constante no sentido de adequar o material à realidade das ONGs. O esforço realizado, no entanto, não exime os dirigentes dessas organizações da responsabilidade de empreenderem sua própria análise crítica, que inclua também a consideração das especificidades das ONGs a que pertencem. Em síntese, os aspectos considerados no desenvolvimento deste trabalho foram:

- a necessidade de que seu gerenciamento se configure como uma *gestão social*, e não *estratégica*;
- o caráter transitório das atividades das ONGs aponta para uma estrutura por projetos, o que lhes garante maior flexibilidade;
- a participação, a flexibilidade e o consenso são características inerentes ao seu funcionamento, devendo ser garantidas pelos instrumentos de organização, direção e controle;
- a busca de financiamento e reconhecimento pela sociedade a obriga a explicitar sua missão e a encontrar mecanismos que tornem sua ação mais eficiente.

Cientes de que este é apenas um passo na tentativa de produzir uma literatura de administração voltada para organizações públicas não governamentais, incentivamos os leitores a apresentar suas críticas, de modo a ampliar o conhecimento e a estimular a reflexão sobre o tema gestão de ONGs.

Referências bibliográficas

ARAÚJO, Luis César G. de. *Organização e métodos*. 2. ed. São Paulo: Atlas, 1985.

CAVALCANTI, Bianor et al. *Instrumento 3:* análise do modelo organizacional — estrutura. Rio de Janeiro: FGV/Ebap/DCT, 1990.

CHIAVENATO, Idalberto. *Administração:* teoria, processo e prática. São Paulo: McGraw-Hill do Brasil, 1985.

CUNHA, Armando S. M. da. *Os elementos básicos componentes de um sistema orçamentário* [1978]. ed. rev. Rio de Janeiro: FGV/Ebap/Cipad, 1994.

ENRÈGLE, Yves; THIÉTART, Raymond Alain. *Précis de direction et de gestion*. Paris: Éditions d'Organisation, 1978.

JURAN, J. M. *A qualidade desde o projeto:* os novos passos para o planejamento da qualidade em produtos e serviços. São Paulo: Pioneira, 1992.

LADIM, Leilah (Org.). *Sem fins lucrativos:* as organizações não governamentais no Brasil. Rio de Janeiro: Iser, 1988.

LUCENA, Maria Diva da Salete. *Avaliação de desempenho*. São Paulo: Atlas, 1992.

MAXIMIANO, Antonio Cesar Amaru. *Introdução à administração*. 2. ed. São Paulo: Atlas, 1987.

MEGGINSON, Leon C.; MOSLEY, Donald C. *Administração:* conceitos e aplicações. São Paulo: Harper & Row do Brasil, 1986.

MOTTA, Paulo Roberto. *Gestão contemporânea:* a ciência e a arte de ser dirigente. Rio de Janeiro: Record, 1991.

PENTEADO, Sônia. Planejamento sem bola de cristal. *Informática Exame*, São Paulo: Abril, n.106, p. 42-45, jan. 1995.

SANDOVAL, Godofredo Z. *Organizaciones no gobernamentales de desarrollo:* planificación y evaluación. La Paz: Unitas, 1988.

SOUZA, Herbert de. As ONGs na década de 90. *Políticas Governamentais*, Rio de Janeiro: Ibase, v. 7, n. 68, p. 20-24, abr./maio 1991.

WILLIAMS, Aubrey. Cresce a participação das ONGs no desenvolvimento. *Finanças & Desenvolvimento*, Rio de Janeiro: FMI, Banco Mundial, v. 10, n. 4, p. 31-33, dez. 1990.